壯世代之春

高齡解放運動 9大預測

吳春城 著
戰國策國際顧問公司
董事長

目錄

推薦序
攜手壯世代打造台灣新未來　陳美伶　008
活出壯世代之春，點燃全齡社會壯盛之火　黃敏惠　012
壯世代帶出金融產業的新藍海　周吳添　015
攜手壯世代，為產業創世代　吳孝三　019
壯世代，我當之無愧！　關中　024

序文
壯世代，撞時代　028

本書緣起
讓我們在人口懸崖急轉彎　032

PART 1
一個字，改變一個世代

大預測①：不是銀髮族，而是壯世代　039
高齡者的正名解放運動　041
世代覺醒的社會運動　043
踏上了壯世代之春　045

大預測②：三支箭，射出美麗新藍海 047
壯世代第一支箭PSR——覺醒，個人社會責任 049
壯世代第二支箭CSR——機會，企業社會責任 053
壯世代第三支箭GSR——解套，政府社會責任 059
大預測③：高齡經濟三．〇
「春季人設」的壯世代商機 073
高齡經濟的演變趨勢 074
壯世代的意義行銷 080
跳脫框架，以未來學思考壯世代商機 085
BOX「壯世代」的創新擴散理論 092

PART 2
第一支箭
覺醒，個人社會責任

大預測④：人生苦短，追求「浮士德精神」 100
為何高齡方案常常無感 102
高齡者為何缺乏生活目標 103

退休不該享清福嗎？ 105
身心靈的「靈」是指什麼？ 106
第三人生就是一個完整的人生 108
規劃第三人生的八個步驟 110
不後悔的二十五件事 114

大預測⑤：學習愛的藝術，圓滿愛的處境 117
愛是天生的需求，但不是天生的能力 118
「銀色離婚」是一股趨勢嗎？ 120
最後伴侶決定最後人生 122
如何看待壯世代的婚姻關係 125
最後伴侶的三種型態 127
愛的追尋的三種途徑 130

大預測⑥：與下一代相互依存，互相獨立 134

世代對立源自不同教育理論 140
壯世代成功的複製教育 142
一場教育實驗的美夢 143
壯世代的失落 146
新世代的挫折 148
世代權力的豬羊變色 150
虛擬世界的智慧老人 151
現實世界的智慧老人 153

PART 3 第二支箭

機會，企業社會責任

大預測⑦：10個壯世代消費的創意洞察（上） 160
洞察1 打破孝親機的低價標籤！3C科技業解放營收的關鍵 160
洞察2 自由自主，從移動不受限開始！交通運輸產業的新契機 166
洞察3 真正需求別被大眾化綁架！觀光旅遊業界的盲點破除 173
洞察4 溝通壯世代不會讓品牌老化，忽略壯世代才會讓品牌退化！ 行銷創意的新藍海 180

洞察5 購屋主力壯世代，多元居住需求才會更活絡經濟！不動產產業的活化關鍵 187
大預測⑧：10個壯世代消費的創意洞察（下） 193
洞察6 以人為本，把真正的幸福感帶給壯世代！健康安養業界的新價值 193
洞察7 搞定壯世代的客戶服務，營業額就能脫胎換骨！通路平台業的投資機會點 201
洞察8 壯世代引領時尚更多元！流行服飾業的多元可能 207
洞察9 打造壯世代與電影產業的正循環！影視文化產業的新出路 215
洞察10 企業使命，面向壯世代才完整！大型企業ESG解盲 222

PART 4

第三支箭
解套，政府社會責任

大預測⑨：壯世代必須勇於與政府對話 234
對話總統：超高齡社會可能淪為死水社會 234
對話勞動部長：用能力、意願來界定退休，而不是用年齡 244

對話教育部長：第二大學的文憑才有大價值 252
對話經濟部長：精彩第三人生是大商機 258
對話衛福部長：讓壯世代安心追求人生意義 262
對話數位發展部長：兩個世界，不通有無 266
對話國發會主委：請先修「未來學」 271
對話文化部長：壯世代是台灣獨有的文化產業 275
對話金管會主委：長壽經濟你看到了嗎？ 281
對話交通部長：台灣就是世界的夢土 286

結語

星星之火 可以燎原 292

推薦參考書目 297
感謝本書協助者 300
讀後迴響 303

推薦序

攜手壯世代打造台灣新未來

● 陳美伶／台灣地方創生基金會董事長、國家發展委員會前主任委員、台灣區塊鏈大聯盟總召集人

二〇二〇年台灣人口進入負成長，高齡與少子女化的兩個極端更為嚴峻。台灣出生率，從世界前段班跌到最後一名，今年是虎年，能不能保十四萬個新生兒，沒人有把握。二〇一八年台灣高齡人口已經推進到世界衛生組織（ＷＨＯ）定義的高齡社會，預估到二〇二五年就將是超高齡社會，短短七年不到。另外，台灣的人口紅利，二〇一五年達到最高峰，預估在二〇二八年就將結束，台灣人口也可能在二〇五二年就不再有兩千萬。人口危機是台灣當下所面臨的第一個國安層

級的挑戰。

台灣有一百五十萬家左右的中小企業，在數位經濟時代，特別是後疫情時代，我們面臨的第二個挑戰就是「數位轉型」。這些中小企業中更有超過百分之七十以上是所謂的微型企業，就業人口是五人以下，要談數位轉型並不是水到渠成的簡單工作，相反的如果沒有政策的推力，恐怕都很難克竟其功。而從Web一・〇到Web二・〇，到現在三十歲以下世代已進入的Web三・〇元宇宙時代，如何讓台灣的競爭力突破有限的國土侷限，走向數位國土時代迎來新世代的機會，更是台灣未來國家發展的重要課題。

第三個挑戰則是全世界共同面臨的二〇五〇淨零碳排氣候危機的共同議題。我們所居住的地球在人類追求更美好生活下被破壞了，這個氣候災難就在不遠處，地球公民都有義務與責任，現在就開始捲起袖子著手行動拯救地球，讓下一代子孫可以安身立命，我們應把握此一契機，全面啟動淨零碳新經濟，讓地球可以永續生存。

「面對它、接受它、處理它、放下它」，這是法鼓山聖嚴師父教我們處理困難的方法學。台灣土地有限、資源有限，面對這三大挑戰，核心的關鍵還是在「人」，以人為本，集結最有力的資源才有機會帶來轉機與創造生機，這群人就是吳春城董事長所倡議的「壯世代」。

從人類歷史的演進與文明的發展來看，醫療與科技讓壽命延長，讓老化速度變慢，但我們對這群TA的刻版印象與制度、政策，反而沒有與時俱進，沒有對症下藥。所以，台灣健保每年花八千億的經費在治療疾病，卻換來平均八．九年的臥床不健康年齡，相信有識之士一定不期待是這樣的結果。吳董事長從他對社會的觀察與過去參與許多公共事務的經驗，發起「壯世代」運動，透過正名，重新檢視發現最大的資產，就是握在壯世代手中，這會是個非常具時代意義的倡儀與行動方案，我不但支持，更願意成為一起推動執行的志願者。

吳董事長本來就是一個文學家，所以透過他的筆，帶著我們認識台灣現在人口結構的困境與難題，並引導我們用對話的方式，找到正確的方法開啟新藍海，這本書是一本策略的書，也是一本方法論的書，更是一本可以引起共鳴的書，我樂意推薦給大家，不僅壯世代的你應該閱讀、公部門做決策者應閱讀，年輕世代要看到你的機會與商機更應該閱讀！讓我們攜手台灣的壯世代，一起打造台灣永續發展的美麗願景。

推薦序

活出壯世代之春，點燃全齡社會壯盛之火

●黃敏惠／嘉義市長

「壯世代」泛指台灣嬰兒潮的三、四、五年級生，希望以此名詞取代「老人」或「銀髮族」等字眼，二〇二一年正式成立「壯世代教科文協會」，這是讓人多麼震驚與敬佩的民間組織，從觀念論述的翻轉，到策略實踐的訂定，有一套完整具體的思考邏輯，重新建立高齡者的正向生命態度，集結有力的資源、創造及帶動金融產業的新藍海與生機。看到這本《壯世代之春》的書，對長年推動協會的吳春城理事長深表最誠摯敬意，誠如他所說：「人是活在故事中，沒有整理就是

糊塗一生，養生、養老都不如找到自己重要。」在這個醫療進步，養生健康意識抬頭的年代，我們的平均餘命拉長，一定要改變既有觀念，不要再把退休與養老畫上等號，才能重新自我定位，活出更精彩的第三人生。

在本書中運用「壯世代」力圖取代「高齡」、「老人」、「銀髮族」等負面字眼，強調「只要心理強壯，對生命有熱情，到九十歲都是壯世代」，這與近幾年來嘉義市的城市治理，有著異曲同工之妙。在二〇一一年我們參加愛爾蘭都柏林市舉辦的「ＷＨＯ第一屆高齡友善城市國際研討會」，參與都柏林宣言創始儀式及宣誓簽名會，成為世界衛生組織（ＷＨＯ）推動高齡友善城市網絡的三十個發起城市之一，更是兩岸三地及全台唯一加入的城市。那時候談高齡友善，是未雨綢繆、是希望活躍老化的思維能夠融入施政，卻沒有想到高齡化的浪潮來得這麼快，幾年之內台灣就已走到了聯合國定義的「高齡社會」，甚至預估二〇二五年將進入每五個人當中就有一位六十五歲以上「法定老人」的「超高齡社會」。因此我深信能與時代接軌的城市，應該是對青中老三代而言，都是充滿著希望與活力的城市。這幾年來，嘉義市以「全齡共享、世代宜居」作為施政的核心主軸，將設計思維導入城市治理，以解決老中青生活問題為前提，希望打造嘉義市成為讓青年的衝勁、壯年的魄力、高年級的智慧，都能被完美發揮的城市，將不同世代的需求納入考量，這也是未來國家將面臨的大挑戰。

看到壯世代趨勢後，「發起壯世代運動，提出解方，扭轉局勢」是對這本書最好的詮釋。由政府帶頭對過往「老人」定義的去標籤化；接下來如何型塑就業續航力的環境，讓壯世代找到第三人生目標、成就完整的第三人生，進而讓壯世代產業成為下一個世代的活泉。相信藉由《壯世代之春——高齡解放運動9大預測》這本書，讓壯世代再活出不一樣的生命價值，燃起一場覺醒的社會革命，走出台灣永續發展的前景。

推薦序
壯世代帶出金融產業的新藍海

●周吳添／台北金融研究發展基金會董事長

今（二〇二二）年三月上旬於消基會的活動中，有機會與吳春城理事長（壯世代教科文協會）同台，並聽聞其「壯世代……」，本人隨後於「消費金融v.s.壯世代」發言時，亦就「壯世代」的新思維，予以由「金融生態變革與因應」等角度，予以回應。

這是一個劃時代、重磅級啟發的關鍵因子，倘能深入理解其內涵，並與自身所屬專業領域予以相連結，將不難就此新元素與新思維，與所從事專業範疇的連結，進而帶出嶄新的商機。

亦即，本人所熟悉的金融場域，就壯世代思維此新的刺激、新的啟發，將有機會找出新的「藍海商機」，利人利己。

壯世代的思潮，起源於：

一、戰後嬰兒潮已步入高齡，卻掌握近三分之二的社會財富；然消費市場對其關注卻不高，有一統計廣告投入僅約占五％，且定位偏於既有的認知——長照、銀髮……。

二、民國六十九年台灣頒布的「老人福利法」，規定的老人年齡是六十五歲，然當時的平均餘命約六十七至六十八歲；四十年後，台灣平均餘命已達八十歲，亦即在六十歲的年齡層，依大數法則，其平均餘命將達九十歲，甚至更高。

三、在老年化、少子化的雙重壓力下，台灣經濟發展的下一步是什麼？如何使掌握三分之二財富的「老年人」年輕起來，使經濟較不易陷於缺乏動能的困境，唯有使掌握三分之二經濟實權六十歲以上的「壯世代」，活得像「年輕人」，肯花錢、敢花錢，進而帶動經濟之成長。

四、六十歲的「壯世代」面對尚有三十年以上的平均餘命，如何規劃屬於自己的生活風格，以迎接第三個人生，這是很大的課題，是過往先輩或前人未曾有過的描述與教導。

五、倘要有序的面對第三個人生（六十至九十歲），並能順利規劃個人退休理財等具體的課題，金融面的協助是必然的，亦意味著它應扮演一關鍵促進與協助的角色不可。

六、如何企劃金融商品，符合「壯世代社會下的理財規劃需求」，這是嶄新的課題，亦是「金融產、官、學、研、媒」的重要大挑戰。

七、金融商品的「銀行、證券、信託、保險、不動產等」課題的整合與連結，將決定是否能協助壯世代在經濟、金融、社會等面向有更好的發展：諸如藉由保險商品的規劃，滿足有不動產資源（如價值四、五千萬或更多價值的自住宅）予以活化，即可每年花費，如每年一百、一百二十、一百五十萬的年支出，且能花上三十年，不虞匱乏之現金流；亦即，生前即以活化資產方式，享受其資產，而非是留下來的「遺產」傳承給下一代。

八、倘要滿足此需求，需有一連結「銀、證、保、信託與不動產」的綜合商品，透過法規的配套及新商品的連結予以提供之，則六十歲的壯世代將有第三個人生六十至九十歲的三十年，好好把「銀子花光光」，沒遺憾地走完很愉快的三十年，且不需擔心現金是否夠不夠等。

就上述重點，不難理解，人口結構改變下，人的觀念實質改變後，有關的金融商品在政策的配套下，將有完全嶄新的配套，影響全新的退休生活與理財規劃觀，進而帶出金融產業的新藍海，值得大家一起正視此課題。

推薦序

攜手壯世代，為產業創世代

●吳孝三／山衛科技股份有限公司董事長、中華多元智慧整合學會理事長

去年底應邀在企協論壇中介紹「智慧大健康」的未來發展架構，而有機會與壯世代教科文協會的吳春城理事長同台，也聆聽了他對「壯世代」的倡議；當晚，我又受邀在私董會的晚宴中報告ESG的起源與發展，而有機會與正巧隣座的吳理事長兩人持續對話，在當下，「壯世代」這議題立刻也和我長期由產業數位轉型的角度所推動的「創世代」，在許多方面形成多元的連結甚至是共鳴。

吳理事長卅年前掌握了當時社會轉型及發展過程中的溝通與對話需求，而創立

了以「社會議題行銷」的「戰國策」公關顧問公司，引導了許多具有公益性的議題並形成很好的結果，一直是我很早就有聽聞的創舉；這和因關注如何滿足社會需求而啟動的創業動機，讓我自己在三十七年前決定自主創業——為了能夠有效的為「產業升級賦能」而引進世界的先進系統與技術所創立「山衛科技」，無論是在護衛台灣的發展或是提升台灣競爭力這兩方面的目的，我們都可算是殊途而同歸。

捨我其誰的「熱情」是先行者必要的配備，而完整的「系統思考」則是倡議最終能否成功的關鍵。當吳理事長將他多年來論述的內容以這本大作《壯世代之春——高齡解放運動9大預測》展現時，我們彷佛已看到了漫長隧道前方的那一抹微光。也就是方向已經有了，接下來的重點就是要如何掌握方法，順利的落地？我們也都知道任何的理論與實踐之間一定會有不小的落差，尤其在大家都努力追求社會創新永續發展的當下，如果產業能夠共同攜手非常有社會經驗的「壯世代腦庫」，將很有機會能夠為台灣的產業未來，創造全新的世代。

在全球化數位轉型的進程中我們其實已是所謂創世代的存在，創世代的概念主要也是因為自二十一世紀開始，創新與創造已經結合了廿世紀人類最有價值的發明——管理學，而成為世界發展的主流。也正因創新與創造已成為主流，大家也逐漸了解過去所倚賴及強調的優勢競爭力，在如今快速而多元的變化中。其實只可算是「落後指標」，也就是往往要在競爭過後，我們才能真正知道到底是因什麼優勢競爭力而能突出的。然而，也因此，過去的實踐經驗若能懂得有效再利用，其實會發掘到非常有價值的產出。

我們常常羨慕西方先進國家總是能夠以不斷創新的領先而取勝，但是，其實背後真正的原因是因為他們工業化歷程的基礎紮實，所以才能夠形成這種領先的優勢，這也是一種透過疊加整合而領先的策略。而我們三四五年級的這些人，雖然沒有直接經歷過戰爭，但是，為了生存及追求更好的生活條件，在一開始都曾經胼手胝足即走遍全球的做了很多開發的工作，又習慣以嚴守紀律的模式創造出一個個具有品質與可靠度的產品，而且能夠廣泛的被市場所接受，這段經驗其實是創新創造成功很重要的基礎。主要因為我們在真正進入Industry 4.0 / Digital 4.0的成熟期之後，不但追求量產客製化、個人化的理想將會實現，同時，對於感質

（Qualia）的要求也會普及，這些種種，都需要過去的經驗來疊加與整合。

我們過去常常聽到創新者必須摸石頭過河，因此會花很多的時間和很大的成本，但正因為之後的多元收益奇高，因此，大家雖然明知成功的機率並不高、各種（例如專利）關卡又多，但一直以來，總令大家不斷前仆後繼的投入。然而，大家在埋首向前追逐的同時，是否也同樣發現到如今的全球科技，已是圍繞著數位轉型的主軸而多元的快速發展，在數位轉型三階段的過程中，第二階段的流程數位化（Digitalization）完成之後，除了原本的下行（downstream）成果之外，如果掌握得宜，還同時會形成上行（upstream）的效益，這背後的原因，正是因為工作流程能夠完整的宏觀數位掌握，使得人類智力（HI）能夠充分的與輔助智能（AI）疊加整合，可以令我們能夠適時生成整體性因果的後設認知（Metacognition），進而能掌握完整的後設思考（Meta thinking）的能力。也就是當眼前領先創新的產品，將能夠很容易的被「逆向系統工程」法破解，再結合「系統創新」法來超越之，這將會是個什麼樣的場景？

吳理事長一向是以他所擅長的社會議題開始著手，想要創造一個由觀念改變而形成的意義循環，首先必須找到絕對正向的觀念提升之道，來蘊釀共感循環，進而形成意識的凝聚。由我和我兒有杰共同推動的四學中的「理念學」來看，「壯世代」已經是個相當有高度的創新觀念（一定是先有觀點，才能形成觀念。）而看到吳理事長的這本《壯世代之春——高齡解放運動9大預測》，正努力著將他的理想和觀點，持續凝練成為可以擴散及形成社會影響力的「理念」。對此，我們甚為認同，因此特為之序。

推薦序

壯世代，我當之無愧！

● 關中／前考試院院長

好友吳春城博士以《壯世代之春——高齡解放運動9大預測》一書草稿與我分享，並侃侃而談，他推動此一活動的動機和作法，我聽後極為神往，其大作草稿，我也瀏覽一遍。我認為他有遠見，又有創意，願表達一些個人淺見，表達欽佩之意。

首先聲明我表達的看法，只是我個人的經驗和觀點，而且是即興之作，不周和不當之處，尚請見諒。

首先我認為人生沒有退休的問題，退休制度是政府對軍公教人員和勞工的一種保障，良法美意，值得肯定。但我認為對個人而言，沒有退休的問題，因為人只活一次，人要過一個完整的人生，就不要硬性把自己定位在退休前和退休後的生涯。我常想人生最寶貴的是時間，過去的永遠不會再回來；未來的不可知，有誰能決定自己可以活到幾歲？所以人生在世，只有不斷向前，活得健康，活得快樂，活的值得。照春城兄的說法，我們一生都是壯世代，如果我們從小就有志氣、有勇氣、有目標、肯努力向上，再加上不虛榮、不攀比、腳踏實地，做好自己的工作，我們就會有一個接近完滿的人生。人要學習自立自強，不要依賴他人（包括自己的家人），人生在世不能養活自己不是辜負了我們的生命嗎？

其次，人生在世一定要及早培養自己生存和生活的能力。人活著要有方向，要有目標，即使因為環境因素有所調整，但自己心中的那把尺，不能輕易放棄。有時或許身不由己，但自己一定要有自己的堅持和定力。我認為現代版的吾日三省吾身，應是：一、我是什麼樣的人？二、我應該做什麼樣的事？以及三、我有沒有進步和成長？

做人要心存厚道，不要太自私，只有重情重義，才有知己。與人相處，要懂得不為難朋友，也不要勉強自己，善待自己的家人、同事、朋友，把子女當作一生的好朋友看待。

在工作上，一定要有熱情，要熱愛工作，生活才有意義。在有能力時多幫助他人，在職場時早一點為自己下半生做好準備，要自己活得愉快，活得有尊嚴。

其三，也是最後一點，既然不認為人生有退休與否的區別，那就應以輕鬆的心情過自己想過的日子。人的一生一定要有自己的興趣，退休了便可盡情做自己喜歡的事。對我來說，就是看書和寫作，退休後，我簡直欣喜若狂，我終於有了充份的時間去從事我的興趣了。如今我平均一年寫兩本半書，一本是紀念女兒的日誌，一本是我的專業——美國外交政策，另一本是不定期的《兩岸隨筆》。我忙得不亦樂乎，沒有時間去想自己的年歲了。

從我的經驗，可以得知，人沒有老不老的問題，只要心不老，人就不會老。十幾年前就有朋友送我三句話：「不等、不省、不管」，我們年歲漸長，不能再等待了；我們有錢不花，以後沒機會了；我們離開了職場，不要再管閒雜事了。多年來，我奉行不渝，唯一遺憾的是花錢的機會不多，因為吃穿不缺，慾望遞減。

我的心得是人生沒有退休和老人的問題，只有階段性生活和心情的問題。即使是「退休」，人生的目標也不應改變——努力使自己變得更好。壯世代，我當之無愧！

序文

壯世代，撞時代

不曉得大家有沒有發現，誠品書店這二年悄悄地推出熟齡系列，而且還設「熟齡美學」專櫃，過去找老人相關書籍，要到教科書區的社工專櫃去找，現在已經悄悄地被擺到美學區了！誠品的暢銷排行榜，向來被行銷界視為流行指標，那麼，這樣的大挪移，又代表什麼意義呢？

對，時代不同囉！特別現代的老人不一樣了！他們要的生活也不一樣了，但到底哪裡不一樣呢？他們想要什麼呢？大家其實不是很了解，急壞了從事老人服務及商品開發的從業人員。最簡單的方法，就去書店買書好好研讀，於是，有關「新老人」的相關書籍，就雨後春筍地一一上市了。

因為工作的關係，我幾乎買了大部分跟老有關的書（詳見本書附錄提供的推薦書單），並一一拜讀。大概可以分成三大類：

一、趨勢研究類——以大量的人口資料，指出老化社會的現象與問題。

二、市場經濟類——提出退休生活的各種幸福方案及成功商業服務案例。

三、心靈雞湯類——退休者分享自己的退休人生智慧與各種生活小確幸。

我常看到許多人圍繞在「熟齡美學」專櫃前，在書市不景氣的年代，應該是最熱門的專區，我在他們身上看到好久不見的「求知若渴」表情。那是一種十八歲時的表情，對未來很茫然，卻又充滿憧憬。

活了大半輩子，叱吒風雲的成功人士，面對退休，突然像個小孩般地手足無措，連如何吃，如何住，如何走路，如何待人接物，如何安排生活……，一切都好像需要別人來教，這是怎麼回事？

其實，他們需要的是找回自己，知道自己要去哪裡，找到了，那些生活技能對他們來說，都是小CASE！

這二年我像宣教士，大概有一百場的「壯世代之春」演講，我看到台下聽眾熱切的眼神，我想他們聽到有用的東西了。另外每次到企業演講，都引起更熱烈的討論，他們看到不同於銀髮產業的景觀，想進一步了解壯世代的商機與推動方法。一併在此回應，相信會對壯世代的效應有更完整的了解。

應該沒有人會很開心稱自己說：我是老人，銀髮好棒棒，樂齡萬萬歲吧！所有產業只要跟銀髮這兩個字眼連結就不用做了，建議乾脆關掉算了，因為一個充滿負面概念的產品，消費者一定不買單，產業一定不會成功。

相同地，我們現處的高齡社會也出現相同的問題！包括我們的媒體與報紙，五十歲會稱你什麼呢？沒錯！會稱你半百老翁，六十歲就叫做花甲老翁。目前絕大多數人，五六十歲還像一尾活龍，甚至不少人才準備要結婚，人生才要開始，卻已被歸類為老翁了！這種現象處處可見，時時可聞。

這種荒謬現象，出自整個社會對高齡的認知與定義，已經與事實脫節了。壯世代運動就是要解放這個過時的腦袋，開啟與時俱進的新視野，相信將帶來巨大改變的新社會、新政治、新經濟面貌，讓我們拭目以待！

不管你是個人或企業讀者，這本書應該會為你打開一扇窗，看見完全不同的世界！原本陰沉灰暗的銀髮生活，突然變成陽光普照的壯世代之春，從銀髮族到壯世代，只在一念之間。

本書緣起

讓我們在人口懸崖急轉彎

人口懸崖一詞出自美國財經學家哈瑞．丹特（Harry S. Dent, Jr）的經濟學理論，指社會高齡化與少子女化同時加劇出現的現象。他認為人口發展的趨勢決定一個國家的經濟命運，當嬰兒潮帶來的人口紅利消失的時候，也就是這個國家的經濟從懸崖上跌落的時候。

人口懸崖正在世界各地出現

哈瑞．丹特發現人口波動所帶來的經濟高潮總在四十六年後，各國均類此。

以美國為例，一八九七至一九二四年是美國生育高峰，四十六年後的一九四二至一九六八年就是美國經濟的高速發展期；一九三七至一九六一年是嬰兒潮，而四十六年後一九八三至二〇〇七年美國經濟空前繁榮。因為人類經濟行為本具有周期性，二十來歲結婚，三十來歲育兒、置產，四十六歲來到一生消費最高點，也就帶動了整個社會的繁榮頂點。

但之後，隨著社會高齡化與少子女化，國家將無可避免地面對人口懸崖。於是我們可以看到，美國出現高度的貧富不均，日本也出現了昏迷經濟，其他如韓國、德國、英國、瑞士、奧地利……，也正發生嚴重的消費峰值墜落問題。而各國諸如量化寬鬆等因應政策只能使人民生活成本劇增，年輕人看不到希望，只好不結婚、不生孩子，不僅壓抑了這一輪發展，連下一輪發展都被抑制了。

台灣正高速衝向人口懸崖

台灣的嬰兒潮在一九五一至一九七一年間，四十六年後，在二〇一八年正式進入高齡社會，也就是人口懸崖已經到了。表面看起來我們比歐美都要晚進入高齡社會，可以邊觀察各國的因應作法邊自己慢慢調適，但是台灣特殊的地方就在於我們從高齡社會邁入超高齡社會只花七年，二〇二五年就將進入超高齡社會（每五人就有一位六十五歲以上）。而歐洲現在的高齡人口比例雖然較台灣高，但再過五十年也仍僅有兩成以上的高齡人口。反觀台灣，十年後，也就是二〇三五年，高齡人口占比就高達二七．七%。二〇五五年，高齡人口占比達三九．九%，遠高於歐美、也高於日本，成為世界上最老國家。換言之，台灣的這面懸崖比之世界各國，都要陡峭。

所以我們可以發現，台灣整個社會在十年前仍比較關注國家整體經濟發展等議題，但到了近年，社會最常討論的幾乎都是公平正義、社福改革、政府效能等議題。富國談成長，窮國談分配，這是人口懸崖來得又快又急下的自然現象。問題是，如果我們現在不做點什麼，再四十七年後，也就是約莫二〇七〇年時，台灣又會怎樣？

根據國發會發布的最新人口推估，台灣十五至六十四歲的工作人口在二〇二二年還維持一千六百三十萬人，到了二〇七〇年將只剩七百七十六萬人。也就是這個社會絕大部分都是不工作、被撫養的人。「下班一起去喝一杯」的現象應該會絕跡，因為這個社會的工作者賺錢養人都來不及，哪有時間下班？就算大家硬要下班去喝一杯，少得可憐的工作者所產生的消費規模應該也支撐不了現有酒吧的生存需要。「糧食自給」議題可以不必討論了，因為農林漁牧業所需要的青壯人口，都要優先去做能賺快錢的工作，而政府的稅收也不足以用來補助產業發展。「工業轉型服務業」議題可以忘了，這麼少的工作人口如果都跑去做服務業，整個國家生產會直接垮掉；但如果人人被迫生產而沒人做服務業，醫療體系、教育體系、公務體系……也將直接崩盤，國家發展陷入兩難。

踩剎車只能延緩跌落懸崖的時間

為了避免這樣的極端現象出現，我們的政府正努力挽救中。例如推動「零至六歲國家一起養」、「長期照顧十年計畫二．〇」、「中高齡者及高齡者就業促進法」等政策。

這些政策背後的思維，只是盡全力維持現狀，踩剎車延緩跌落懸崖的時間：不敢生孩子就多些補貼、老人太多就花錢去照顧。這些頭痛醫頭的作法並沒有認真思考台灣人口懸崖的形成原因與社會特性，以至於不但無法讓台灣跨越懸崖，甚而錯失了一次讓台灣藉著懸崖高位而邁向更高層次發展的機會。反觀日本，面對高齡化的社會，至少深刻思考過自己的技術優勢與財政劣勢，得出藉高齡化社會讓AI產業更加茁壯的決心。

選擇另外的出路

既然車子繼續前行，已知前面是懸崖了，除了踩剎車減緩車速，我們是否應該急轉彎，選擇另外的出路？

壯世代之春鋪陳一條「高齡化與少子化雙解方」的可能性，期待有識者一起邁向康莊大道！

PART

1

一個字，改變一個世代

現在整個社會，是以年輕人為主體而建構出來的制度與產業。試問在短短十二年之間，要翻轉成為老人社會，我們做了什麼準備？面對這天翻地覆的轉型，老實講，我沒有看到任何的準備。

現在台灣平均退休年齡是六十・三歲，而六十歲以上有多少人呢？超過五百萬人，意味著，台灣社會有五百萬退休族。請問有多少人了解這五百萬人在做什麼呢？基本上，他們幾乎成為社會的消失人口，他們被視為「壞掉的家俱」、「過時的滯銷品」，被放在社會的儲藏室，等待報銷。政府的主要政策，就是長照，等你倒下來之後，我才理你，你沒有倒下來之前，就請自便。而企業也不知道賣他們什麼東西，就賣他枴杖和輪椅。而他們自己呢？就各憑本事，得過且過。

台灣的平均壽命已超過八十歲，那是整個群體的一生總平均值，推估現在六十歲的人，將有一半會超過九十歲。也就是說，六十歲退休後，還有三十年的人生，如果現狀未變，也意味著他將過著從社會上消失三十年的生活，這就是一切問題的核心。

答案，可以很簡單，讓「壯」世代茁「壯」、強「壯」、「壯」大。

壯世代大預測1
不是銀髮族，而是壯世代

前言

長壽社會是災禍還是禮物？

二〇二五年台灣將進入超高齡社會，也就是二〇％的人口會超過六十五歲，每五個人就有一個人是六十五歲高齡者。不僅如此，未來的二十年內，台灣的人口結構將從金字塔變成倒金字塔，特別二〇三四年是轉變的關鍵點，五十歲以上的人口將大於五十歲以下的人口。這個人口學的鐵律，經過兩次世界大戰，甚至這次的疫情都不會改變它的走勢。

所以，可以很肯定地說，未來是以老人為主體社會。

打開媒體，整個社會每天在談，長壽社會來了！健保快破產了！退休基金撐不久了！年輕人的扶養比受不了了！甚至認為長壽社會是一場銀髮海嘯。

會不會覺得好笑，人們長壽活得久，竟然是一場災難欸！我們是不是用這種角度在看待長壽社會呢？覺得危機重重，連一點喜悦都沒有！大家好像都很悲觀，很少從禮物的角度來看待這件事。

台灣的健保制度是世界第一，但是我們的臥床族也是世界第一。高齡失能者需要被照顧（臥床）平均已經超過八年，超高齡社會來臨，高齡者愈來愈多，如果每個人都需要被照顧八年，那麼家庭會不會垮掉？社會會不會垮掉？國家會不會垮掉？

如果臥床現象沒有改善，那麼高齡社會就真的是一場海嘯了！

北歐很多國家推動的高齡發展目標之一，就是把臥床縮短到兩週，兩週並不是安樂死喔，而是你可能看到一個九十幾歲的老人因為疾病或衰竭，躺著準備離開的時候，你發現他有六塊肌，表示他有在做重訓，他可能也背著書包，搞不好他在讀大學，他也打電腦，可能還在工作，搞不好他還在談戀愛喔！如果像這樣，那麼高齡社會就是上帝給人類最棒的禮物了！

未來人生已經沒有老這件事情了，人生就是一個人不斷向前走的一條路，不應該再分青年，中年，老年的階段論了。好像過了一個階段，你就變成另外一個人，以前的你，不再是現在的你，你必須扮演年齡角色，以符合社會期待。其實你就是你，不該被鑑定什麼青年、中年、老年。

高齡者的正名解放運動

台灣的老化速度世界第一，六十五歲以上人口從高齡社會的一四%到超高齡社會二〇%只花了七年的時間，日本花了十一年的時間才達到，法國花了二十八年，德國花了三十六年，奧地利花了五十年時間，台灣的老化速度實在快得嚇人！但我們的社會目前還在沉睡，只有症狀上的因應，沒有看到根本的解方。

這個解方需要一個全面性的覺醒運動，像女權解放運動，像性別解放運動一樣地風起雲湧，從個人覺醒，從文化覺醒，從政策覺醒，從產業覺醒，全面性的高齡解放運動。

所有社會運動第一件要做的事情就是「正名」，以前我們稱山胞，現在稱原住民，就是正名。如果國家沒有用正確的名稱，都是充滿負面能量的指稱，如老人、銀髮，或樂齡，高齡社會更是無解。

我們提出一個有效的解方叫「壯世代」，高齡解放運動的正名，就是把不友善的銀髮族稱呼，更名叫做「壯世代」。這應該是全球第一個給高齡者正確身分認同的名稱。

「壯世代」試圖用一個字，改變一個世代，在形音義上也別具意義。

形：壯字草書，雷同Strong之縮寫St，壯世代CI設計具現代化。

音：壯音，雷同Strong發音，具國際化。

義：目前眾多稱謂如銀髮族、樂齡族、無齡感……，都無法給戰後嬰兒潮一個認同的身分，壯世代賦予正確身分價值與生命意義，為國家政策及產業發展開啟無限生機。

世代覺醒的社會運動

壯世代是一個世代覺醒的社會運動，七年前，我們與前衛生署長楊志良共同創辦「台灣高齡化政策暨產業發展協會」（高發會），致力推動活躍老化的工作，我們做了很多高齡議題的倡議活動：

二〇一五——成立高發會，推動活躍老化。

二〇一六——與德國社會企業合作，在台北科教館舉辦「《與時間對話》（親愛的我老了！高齡社會議題展」，八萬人參加。

二〇一七——在高雄科工館舉辦「親愛的我老了系列2」，五萬人參加。

二〇一八——高發會發表全國高齡發展力大調查。

二〇一九——在台中科博館舉辦「親愛的我老了系列3」，七萬人參加。

這五年間推動活躍老化工作，讓我深感挫折。因為只要碰到「老」的議題，大部分的高齡者都避之唯恐不及。而且議題十分的分散，從銀髮海嘯，到下流老人，到長照，到退休基金破產，到好好說再見……，不一而足。總之，高齡社會像一場災難，堵不完的破口，忙不完的照顧，讓人疲以奔命，好像搶救危機總動員。

二〇二〇年八月，我個人滿六十歲了，正式進入「耳順之年」，我跟周邊的朋友一樣，聚餐時最常聊的話題，就是準備退休囉！

剛好遇到COVID-19疫情，公司採取AB居家輪班制，我整個禮拜在家上班，平常忙得不可開交的拜會、餐會都停止了，在家空閒時間突然大增，整天晃來晃去無所事事，家人看不下去，建議我，你平常休閒時不是很喜歡寫毛筆練書法嗎？為什麼現在都沒看你動筆呢？一語驚醒夢中人，我才突然發覺，忙的時候練書法，叫做休閒。一旦整天休閒，練書法就變工作了！所以，千萬不要為了休閒而退休，退休後就沒有真正的休閒了！

十月一日是國際老人日，高發會要發表一份宣言，我苦思多日，難以下筆，總覺得陳腔濫調，毫無新意。而且，對於我也開始被納入老人行列這件事，總覺得怪怪的？深感不能認同。時代系統即將加速改變，未來二十年，台灣人口結構將從金字塔形轉為倒金字塔形。二〇三四年後，五十歲以上的人口將超過半數，出現史上未見的新社會樣貌。但現今整個社會系統，對高齡者的設定（包括自我認知、社會價值、政策法規、產業發展），卻還停留在上世紀六〇年代的舊框架，限制高齡發展的生機。

某個午寐時刻，一句「壯世代，撞時代」飛進我的腦袋，我一躍而起，大叫：「對了！我不是老人，而是壯世代！」我把這個想法告訴我的高齡工作團隊，大家都驚呼：賓果！

踏上了壯世代之春

「壯世代」絕非僅是以一個名詞來取代其他名詞，而是要倡導一個根本概念轉變，指出這一切對於「老」的惶惶不安，所有問題根本上源於人從來沒有想過「去老化」的可能性；人們只是習慣性隨著時間的經過，為自己加上「老」的標籤，然後讓自己被莫名的恐懼支配籠罩。過去的平均壽命只有六十餘歲。但現今台灣平均壽命已超過八十歲，這群掌握台灣三分之二的財富，超過五百萬人口的退休族，明明還有二、三十年的精彩人生，卻因為舊有框架、自我暗示等限制，硬生生阻斷了生產力、消費力、自我實現與做夢的能力，只能養老、養生、或養病。

這就是在二十一世紀的我們所面對的全新局面：在人類歷史上，從未有過這麼多的人口獲得長壽的生命，致使以往對於年齡的既有框架和劃分方式不再有效。生理年齡只是一個數字，不代表人就不能再想學習新事物、不再對生命懷有熱情；長壽時代生命的「含金量」可以大幅提升，不該再有「老」這件事，不再需要被「生理年齡」堵住生命的光環，年齡不能劃定你就是「老人」。

讓這群有能力持續追求自我實現的半數人口陷入舊框架中，淪為只求生理安全等低層次需求的依賴者，這不只是個人的損失，也是國家社會的損失。如果挾帶三分之二的社會財富，消極成為社會邊緣人，將造成死水經濟，智慧資產傳承中斷，世代隔閡加劇。我們必須先讓壯世代真正認知到自己的「壯」，持續生產與消費，追求豐盛的第三人生，才能突破既有規則，跳出死水循環。

於是我們踏上了壯世代之春。

壯世代大預測2

三支箭，射出美麗新藍海

前言

現在全世界沒有一個優質的老人品牌，大企業更是怕跟老沾邊，到了「恐老」的階段。但「壯世代」（Strong Generation）卻企圖打造全世界第一個高齡第三人生質感的生活品牌：「我們的目標在於，改寫『老』的故事框架。不再只是養老、養生、養病，低度社會參與的銀髮族故事，而是積極追求精彩第三人生的壯世代故事。」

首先我們來討論高齡社會的個人社會責任，試問高齡是誰的責任？是不是子女的責任？子女要盡孝道，該扶養長輩嗎？是不是政府的責任？政府該照顧，該發展年金制度嗎？

整個世界要為資深公民負起責任嗎？問題是，即將到眼前的二〇三四年，五十歲以上公民即將超過台灣人口半數，誰來為誰負責？年輕少數要為資深多數負責嗎？孝道、人道都是基本倫理，但最重要的是自己要負責任。自己不負起責任來，把自己變成一個不體面的糟老頭，人人都怕你，為什麼社會對老人有這麼多負面的印象，自己要不要負一些責任呢？

退休的高齡者，最普遍的問題就是失去目標感，然後失去意義感，最後失去生存感，接下來就是生病倒下，成為臥床族。

年輕的時候，我們充滿目標感，所以，做任何事都充滿意義感，補習、背單字、擠公車……，都是朝向未來目標的手段，甚至苦練吉他，練到手指疼痛長了厚繭也不放棄，因為自彈自唱可以增加異性緣。有目標才有意義，有意義才有行動。所以，壯世代的第一步就是要建立高齡者的目標感。

壯世代第一支箭PSR——

覺醒，個人社會責任

你可以活得比想像中更有價值。

根據普查統計，前半生的價值代表字最高分是「強」字，強就是競爭，從懷孕嬰兒還在肚子裡要喝優質牛奶，就是不要輸在起跑點，讀書考試分數要比別人好，跑步要比別人快，就業後升遷要比別人快，樓層要蓋得比別人高，一直不斷的競爭，成為卓越的人，受到社會的肯定，成為一個強者，這個價值就叫「強」。

那麼退休以後呢？退休以後追求什麼？誰能夠給出答案！

「夕陽無限好，只是近黃昏」，關鍵「六十歲是夕陽嗎？」如果預估你會活到七十歲，那六十歲當然是老人哪！剩下歲月晃著晃著就掛掉了！如果你預估會活到八十歲，那還有二十年呢！所以你是中年，對不對？如果預估你會活到九十歲，那還有三十年欸，你當然是青年啊！所以年齡的定義不是絕對的，而是相對的，是你心裡認為人生還有多長，那才重要！

不要再用過去的觀念來看自己，你看歷史書上面那些老祖宗鬍鬚都很長，其實他們很少超過四十歲的，岳飛寫《滿江紅》「三十功名塵與土，八千里路雲和月」時，才三十出頭，最後他活到三十九歲。

比起老祖宗，我們現在活到八十幾歲，都已經很平常，所以關於高齡這件事，老祖宗實在沒什麼經驗可以教我們。戰後嬰兒潮，也就是三四五年級生這批人，是人類從來沒有出現過的新人種，也就是我們稱謂的壯世代。壯世代的年齡要重新定義，我們認為打七折，才真正符合壯世代當時身心靈狀態的年齡。比如說，如果你七十歲，打七折，其實才四十九歲，你如果五十歲其實才三十五歲，你看看身邊的朋友，這樣算，是不是更符合他們的身心靈狀況呢！

限制價值的不是生理，而是心理！

每天早上打開LINE，群組裡會叮叮咚咚地傳來許多長輩圖，內容不外乎叫你要清心寡欲，六十耳順，什麼事聽了都要順耳，不要太多意見，睜一眼閉一眼，海闊天空，與世無爭……，人生只剩下這樣的事情，別無他求。歸納這些圖文，後半生追求的價值關鍵字，就是一個「安」字。

心理學家馬斯洛，把人的需求分成五個層次，從最低到最高，依序是生理需求、安全需求、愛的需求、尊嚴需求，最後是自我實現。

前半生的關鍵代表字「強」，就是第四層次的尊嚴需求，一生很努力，貢獻社會，最後被社會所肯定，成為一個有價值的人，達到了尊嚴需求。那為什麼過了六十歲，剩下一個「安」字，安是哪一個層次的需求？好像退化到低層次的最保守基本需求。為什麼六十歲以後，人生就大幅貶值呢？這是我們現在社會的現狀。

如果你不接受「安」字來代表你後半生的人生價值，你還有什麼選擇？現在，提供你另一個代表字選擇，這個字叫做「壯」。

既然前半生，追求的是「強」，強就是比高度，一旦你退休，不想再比個高下的時候，追求什麼呢？最理想的就是寬度。壯就是寬度，壯闊的人生，壯闊的視野，壯闊的心胸，壯麗的生命。

前半生，為了比高度，你堅守滾石不生苔的原則，你不敢亂動，堅守一個職業，堅守一個城市，堅守一條路徑。你很多有夢想，但都沒有時間去做，很多地方你都沒有去過，現在你退休了，你就安養，不動了，會不會太可惜了！而且，你還有三十年欸！

你怎麼會沒有目標，沒有夢想，沒有計畫呢？你是不是應該有更壯闊的心胸去追求呢？

這就是壯世代提出來的主張，「人生始於強終於壯」，才不枉此生。

有人問壯世代是幾歲到幾歲呢？壯世代與年齡跟健康無關，而跟心理素質有關，只要你心理強壯，你就是壯世代。即使你到一百歲，仍然充滿熱情兩眼炯炯有神，你還是壯世代。所以壯世代主張，六十歲是日正中天，不要把它看成是夕陽，否則你會等很久。

你應該要把高齡看作是上帝的禮物，你要好好珍惜，利用後面的三十年去攻頂，追求第五層次的自我實現。人類有史以來，極少數的人懂得什麼叫做自我實現，因為沒辦法活那麼久，能夠拚到第四層次已經很不容易了，就準備要收攤了，現在你六十歲後還有三十年，就是要讓你去追求自我實現或自我超越，千萬不要窩著安養，等著銀髮海嘯的來臨！這就是個人的社會責任。

但是要怎麼做呢？首先你個人要先自覺，不要把自己當老人，這就是壯世代的覺醒，有了這樣的覺醒，革命已成功一半了！接下來，整個世界會為你開路，放心向前行吧！

壯世代第二支箭CSR——機會，企業社會責任

當壯世代覺醒了，企業的機會就來了！

企業可能猶豫，壯世代的覺醒談何容易哪！那你就想想女性解放運動是怎麼成功的。那可是數千年「男尊女卑」的文化制約，而且女人搞革命時，九〇%女性

還是低教育、低收入、手無寸鐵。而高齡歧視只是數十年來的事，數千年來老人在華人敬老文化中，都是地位崇高，壯世代還是現狀的實質掌權者，經濟權的擁有者，他們只要說一聲我願意，一夜之間就可以改變，不必向任何人爭取。

更何況這群嬰兒潮下的壯世代，是受到新事物、新文化衝擊最大的世代，他們受過高等教育，經歷台灣產業興起，生活型態轉變，科技躍進轉折，政治改革運動，經濟發展奇蹟，對於包容改變與學習多元價值的能力超強，他們對於老年生活的想像與期待也與他們的父祖輩截然不同，對於物質，精神，人際互動，美好生活的需求，也超乎我們的想像。

需求是存在的，只是供給端還遲遲沒跟上。企業對高齡社會的想像，還停留在農業時代。

友善高齡納入ESG

姑不談商機，先談企業社會責任，從國際到國內，早已紛紛響應。「世界衛生組織」（WHO）與「世界經濟論壇」（WEF）提出友善高齡應列為企業社會責任的建議書。其要旨如下：

一、年齡中立的文化：高齡化及少子化趨勢下，鼓勵企業建立年齡中立的組織文化，使各種年齡的員工均得以發揮的工作環境，包括技術、設施、設備和服務，都給予平等的磨練與適用機會，有助於企業的穩定與永續發展。

二、包容性合作關係：企業員工、供應商、合作夥伴和客戶也不分年齡、族群的合作，並支持多代合作的工作環境。有益於企業引領創新產品的開發，以符合二十一世紀人口結構現實的需求。

三、員工終身學習和參與：創造鼓勵終身學習的工作環境，關注個人工作技能及生活的成長和發展，重視跨世代的指導與合作。

在壯世代教科文協會的努力爭取下，立法院決議通過：金管會應要求證交所規範上市櫃公司明定高齡少子化之實踐比例並充分揭露該項目之推動方案，案由：

「高齡及少子化等人口結構之劇變，對於社會、經濟及文化等各項發展指標之影響，已刻不容緩，故建議金管會及相關主管機關及早因應，依法應要求上市櫃公司需進行高齡化暨少子化企業社會責任相關資訊揭露，推動符合SDGs聯合國永續發展目標SDG3—健康福祉高齡者CSR策略。」

而金管會規劃的二〇二一至二〇二三年台灣資本市場藍圖，也明列企業應將友善高齡視為社會責任，有利於建立品牌形象、加深消費者好感與行銷效益。

壯世代開啟產業新藍海

回到企業營利面，企業普遍還是認為老人不花錢，對投入高齡產業還是頗多猶豫。根據二〇一九年美國市場的數據顯示，全美企業對六十歲以上投放廣告的預算，竟然只占總體行銷費用的五%，而且八十九%高齡者認為企業對他們不友善，基本上是放棄這個市場，或則不知如何開發這個市場，台灣的狀況也差不多。

雖然現實很骨感，但理想卻是很肉感，其中問題出在哪裡？

從資產面來看，以台灣的個人財產登錄資料推估，在二〇一四年五十歲以上族群的財富占比加總約為六十六至六十八%，約掌握總體財富的三分之二；二〇一八年的台灣財政部房屋稅徵收概況統計則顯示，全國房屋持有人的年齡結構集中於四十五歲以上中高齡族群，占約八成，其中六十五歲以上持有近三成房屋。

從消費面來看，聯合信用卡中心二〇二一年八月的統計顯示，台灣六十歲以上族群單月刷卡金額近二百七十億，且八十歲以上的平均單筆消費金額最高。從潛在客群的角度來看，工研院估計台灣銀髮產業市場規模將在二〇二五年達到三．六兆新台幣，而WHO也推估全球高齡商機將達到一千一百二十二兆新台幣。這些數據都真實顯示熟齡市場正是一片「新藍海」，等著「有識者」去挖掘。

既然政府高喊銀髮產業是兆元產業，企業也紛紛響應，前仆後繼，但多數鎩羽而歸，至今少見成功的商業模式，基本上還處在看得到吃不到的階段。

原因是，除了實力雄厚的壯世代消費者還未覺醒之外，企業對於高齡產業的認知，出現定位的大謬誤，也還在幼稚班階段。

第一個問題是：負面的產業標籤

目前我們社會稱呼這個產業叫銀髮產業，但到大數據裡去搜尋「銀髮」這個字眼，依附過來的都是負面的詞彙，如生理面的字眼；疾病、失能、退化，甚至心理面字眼：頑固、落伍、雜唸……，基本上是一個被汙名化的字眼。而我們似乎找不到更好詞彙，一直沿用。所以，這個產業就變成「負面產業」。

第二個問題是：過時的產業論述框架

每一個產業都建立在一個故事框架上，你如何認知消費者的世界，你就會生產那個世界的產品，早期的高齡產業，認為老人是冬季，就發展出養生，養病，養老的白色商機。後來認為老人是秋季，就發展出多采多姿的樂齡服務，稱為橘色商機。但似乎還不能觸動壯世代的消費魂。

第三個問題是：破碎的技術掛帥生態

為數不少投入銀髮產業的廠商，仍在舊思維中找機會，所設計的商品及服務仍然跳脫不了「老與弱勢」的概念。只照顧到生理因素，而缺乏讓壯世代興奮與經驗的產品，產品多僅滿足高齡消費者之生理及安全需求，對於社交、尊重及自我實現需求是被忽略的。許多廠商從生產的角度著想，老人有問題，我有技術，我生產幫你解決問題的產品，不好嗎？但從消費者的角度想：我一旦使用你的產品，那不就承認我是有問題的老人嗎？對壯世代消費者而言，這些產品或服務，能不用就不用，除非不得已，所以，這個產業就變成「不得已產業」。

第四個問題是：沒有掌握壯世代的需求

銀髮產品的消費動機大都設定為「壓力」，因為怕生病，怕無聊，怕不安……，而不是「吸力」，因為要美好，要喜樂，要精彩，九〇%的壯世代需要的產品是吸力產品，而非壓力產品。因此，需要以革命性全新的活力思維出發，才能有效對話產生需求火花。

解套，政府社會責任

壯世代第三支箭GSR——

國政如麻，政策如薪，政府忙得團團轉，不過最核心的問題還是人口的問題。因為人口出問題了，一切都是空談。高齡化與少子化，正是台灣內部最大的問題。重要性超過了能源政策、產業政策、科技政策、文化政策、金融政策……，所有的政策。因為人為邦本，人出問題了，國必不寧。

高齡化引發龐大的臥床族

台灣的高齡者臥床平均長達八．九年，原因十分複雜，不過根本原因是提早退休，低度社會參與，失去生活方向感，生命無意義感，進一步演變成鬱悶症，終至倒下成為失能臥床者居多。

六十歲以前的人生，整個社會建構的非常完整，從就學、就業、結婚、生子、休閒、娛樂、生活百態、日常所需，社會都提供無數的選擇與路徑，個人只要努力，循路而上，奮發往前，通常都可滿足人生所需，開創精彩人生。

一旦跨出六十歲這扇門，走出去看看，是什麼景象——一片荒漠，一切都因陋就簡，沒有人生指引，沒有生活藍圖，沒有未來目標。一切都要靠自我規劃，靠自己設計，靠自我安排。政府提供的協助有限，企業只賣你基本所需，沒有人可以給你靠。壯世代協會做了一首歌，描述他們的心聲：

我們在荒漠裡流浪
沒有夢想像失魂者
夕陽是唯一的方向
無奈此刻還日正中天
寂寞的路如此遙遠
直到我們倒下
被送進了長照

荒漠裡的失魂者愈來愈多
他們身形強壯卻意志消沉
他們學驗俱豐卻投閒置散
他們手握資源卻度日如年
啊到底哪裡錯了到底哪裡錯了
跨進史上不曾有過的百歲世代

卻還裝著七十古來稀的腦袋

這是一個人生的大西部，也是數百萬人新人生，政府該做什麼呢？政府應該以拓荒精神，鋪橋造路，帶領壯世代，帶領產業，大膽布局，前瞻規劃，打造半數人民安居樂業的新樂土為己任。

少子化引爆龐大的躺平族

為什麼這一代的年輕人不婚，不生，不育，不養呢？有人稱他們是草食族，有人說他們是公主王子病，他們自稱是「躺平族」。

根據維基百科，躺平族是指九〇後和零零後年輕人在經濟下滑、社會階層固定導致的階層流動困難、社會問題激化的大背景下，出於對現實環境的失望而做出的「與其跟隨社會期望堅持奮鬥，不如選擇『躺平』，無欲無求」的處事態度」。其具體內涵包括「不買房、不買車、不談戀愛、不結婚、不生娃、低水平消費」。

躺平族的宣言：既然不能有尊嚴的站著，又不願意跪著，我們選擇躺平！躺就是身與尚的結合，是高尚身體的姿態。

看到這樣的宣言，真的十分難過，他們真的活得很辛苦！這是我們的下一代，我們的接班人，怎麼幫他們解決這個問題呢？

政府的對策呢？我們看到的是——

- 〇至五歲幼兒政府照顧
- 廣設公共化托育機構
- 育兒津貼
- 就學補助
- 獎勵生育租稅優惠
- 青銀共居
- 育嬰留職停薪
- 鼓勵私人企業友善托育

- 人工生殖與孕期產檢補助
- 首購房屋年輕人零利率貸款……

目前大部分少子化政策，都是「補貼」式的貼膏藥政策。這些都是推拉式的政策，而不是吸力式的政策。沒有人會為了育兒津貼而去生孩子。真正的原因，是他們看不到未來，看不到希望，看不到成功的路徑。

政府要做的是，讓下一代看到蓬勃發展的成功機會，想要就趕快站起來，自己去爭取，晚到就沒了喔！像壯世代年輕時一樣，心懷明天會更好，提著皮箱到處跑的台灣精神。

國安危機，內閣應總動員

現在已經五百萬人湧到荒漠這邊來了，愈來愈多。人都來了，而且是數百萬人未來三十年要居住的世界，一切建設都沒有，這是誰的責任？當然是政府的責任。

目前我們看到的大部分高齡化政策，也都是「補貼式」的貼膏藥政策。長照計畫二・〇、友善關懷老人服務方案、中高齡者及高齡者就業促進法、高齡獨居者之社會安全與健康照護網絡、地方政府提供免費公車、眼鏡假牙補助、社區大學、樂齡活動……，老人福利法都已經遠遠落伍跟落後，跟不上壯世代興起的需求，必須全面性的大翻修，而不是守著舊思維，修修補補。

建議我國政府可以仿效日本因應高齡社會的積極態度，以「世代循環」為目標，於內閣設置「高齡社會對策會議」，全內閣共同制定年度高齡社會白皮書。但台灣的優勢、以及所遇到的高齡化社會現象與歐美日韓有很大的不同，要走出自己的路。

首先應布局二〇二五年，建立壯世代典範。或許可以將內閣任務分組：

一、經濟活絡組

打造壯世代自給自足空間，促使年輕人可抓住壯世代商機，創造新財富，同時大幅降低救濟、扶老的衛福與金融資源等浪費，帶動台灣永續經濟動能。

二、後盾支持組

推動精準醫療、與數位金融等支援體系，做壯世代工作後盾，並讓財政進入正循環。

三、趨勢引領組

整合軟實力相關部門為引領台灣產業轉型，充分發揮台灣優勢。

臥床族與躺平族的雙解套

其實高齡化跟少子化的問題是一體之兩面，解方也是同一套。

從問題的方向來看，在教育方面，少子化造成了學校班級數減少、私立學校倒閉，高齡教師失業問題；在勞動力方面，少子化導致就業人力萎縮、勞動力不足，高齡經驗難以傳承，並造成預期經濟規模的人力結構與需求無法滿足的現象；在財政方面，少子化造成的倒金字塔人口結構，將使既存的健保及年金虧損愈來愈大，高齡福利愈加無解；從解方的方向來看，新世代之所以成為躺平族，不是因為他們不努力或不優秀，而是他們沒有未來與希望。他們可能說所有的一切，都是被上一代掠奪了，所以老賊不退，年輕人沒機會。真的是這樣子嗎？

學界稱他們為Z世代，網路調查Z世代最認同的人生座右銘，就是敢厭世、敢耍廢、敢秀、敢孤獨、敢捨棄……，而在人口學上，Z世代也被稱做「百歲世代」。

現在還在學的二十歲左右的這些年輕人，他們有過半的人會超過一百歲，但是他們卻想著三十歲就退休，問題是接下來的七十年呢？人生規劃是什麼？社會的支撐是什麼？由他們所主導的國家如何運作？

一般見解，認為老人不退，會占住年輕人的機會，這也是個錯誤假設。因為這個問題已經被實驗證明過了，當年女性運動要求女性工作機會，就討論過這個問題。占一半人口的女性投入就業市場，會不會造成男性大量失業？當時令人十分擔心，事實證明並沒有。就業市場反而更加的蓬勃發展，女性有了收入，女性市場一日千里，不分男女的就業機會，反而更多。

更何況未來繼續就業的高齡人口，再多也應該不會超過三〇％（高齡勞動參與率目前韓國最高為三十二％），而年輕世代受少子化影響，產業勞動力遠遠不足。而且女性就業是同齡競爭，高齡就業是差異競爭，對年輕世代的工作影響微乎其微。

重點是，大家都從靜態市場或萎縮市場來看問題了。其實，高齡市場潛藏巨大的能量，卻未被開發，這個餅大到不可思議，如同發現新大陸，金礦銀礦取之不盡，何必再去搶工作機會呢？

長壽經濟可以成為護國神山

試想，掌握三分之二社會財富的壯世代，如果還是用父祖輩的農業社會舊觀念，過著省吃儉用的生活，而把三分之二社會財富放在床鋪底下，會造成什麼情況？

沒錯！造成死水經濟。那麼，年輕人當然就沒機會了！沒創業機會，沒就業機會。

但如果壯世代覺醒，過著第三人生精彩的生活，產業提供滿足其生活意義的豐富產品，讓壯世代釋出這龐大的財富，將會創造多少的新興產業，帶動長壽經濟的大齒輪，提供年輕人無限的創業與就會機會。

根據高發會與56789年齡實驗室於二〇二一年一月發布的「台灣退休經濟安頓感大調查」，結果發現，台灣已退休者理想的退休金只九百六十七萬元就足夠，但尚未退休者認為足夠的退休金需達一千兩百九十八萬元。而據金融機構的財富資料顯示，五〇%以上的民眾，其個人財富足以支付上述退休所需。

壯世代的總資產（房地產＋保險＋儲蓄＋年金退休收入等等）相當雄厚，但現金收入明顯減少，如果金融機構能夠適時推出可以活用其龐大財富，又足以保障其財富安全的服務，讓他們不必因為現金收入短缺，而省吃儉用，將會帶動龐大商機。

我們認為金管會及金融機構對不起壯世代。因為壯世代把三分之二的社會財富，放在資本市場，應該是最大的客戶，但這些單位只顧發展經濟，卻讓壯世代過著財務不安全的日子。許多財務保險學者專家，也十分認同這個觀念，認為金融機構確實應該大大的調整其經營策略，認真服務這群想好好過第三人生的壯世代。

長壽經濟被視為二十一世紀最大的經濟動能。一個壯世代的大西部建設正等著大家來開發！

結語

有一次我跟一位銀行董事長聊天，我問董事長，「你每天那麼忙，為何而忙？」

「上班賺錢啊！」他回答。

「董事長還缺錢嗎？」

「忙得沒時間花錢啦！」

「那為何而忙？」

董事長遲疑了一陣，悠悠的嘆一口氣說：「幫我兒子賺遺產啊！」

「這是在幫兒子，還是害兒子呢？」我追問。

「害兒子！」董事長肯定地說。

壯世代普遍還是沿襲老一輩的習慣，自己省吃儉用，要留遺產給下一代。但以前老一輩的遺產多數寥寥可數，加上子女眾多，分一分都是聊勝於無。但壯世代不少人資產雄厚，還是省吃儉用，留下龐大遺產，反而壓垮了下一代，現在有許多躺平族，之所以無後顧之憂，就是與其奮鬥一輩子，不如等著上一代的遺產，這樣反而害他們喪失了奮鬥的動機。

所以，壯世代鼓勵年輕人要重實用，年紀大反而要重時尚。壯世代追求精彩的第三人生，具有多重意義：

一、用歌頌生命，來回應上帝給予的長壽禮物。

二、帶動長壽經濟，給下一代更多創業與就業的機會，為台灣培養下一代的創業家。

三、以活躍的生活，讓臥床時間縮短到二週以內，大幅降低社會的負擔。

四、讓百歲世代的下一代，對高齡歲月，有正確的認知，正面的迎接，及萬全的準備。

想像一下，當Z世代都絞盡腦汁想要賺壯世代口袋裡的錢時，一切美好的事情就會發生了！
躺平族不見了！
臥床族不見了！
世代對立不見了！
壯世代的美麗新世界，就實現了！

壯世代大預測3

高齡經濟三・○——「春季人設」的壯世代商機

前言

年輕產品的品牌常以創新為核心，但壯世代的品牌應以「意義」為核心，「意義行銷」將會是行銷業下一波的熱潮，意義聽起來或許有些虛無飄渺，如何在食衣住行育樂各種產品與服務中呈現呢？

六十歲是人生的哪個季節呢？回答這個問題，十分重要，因為所有的政策與產業都架構在這個人設認知上。

高齡經濟的演變趨勢

高齡經濟一・〇——冬季人設的白色商機

綜觀這數十年來對於老年產業發展的描述，其實與整體社會如何看待這個戰後嬰兒潮世代的眼光息息相關。傳統上，稱五十歲是半百老翁、六十歲是花甲老翁，怎麼叫花甲老翁並不可考，通常是指很老很老，這時候身子最好不要亂動，避免跌倒受傷，心情上要六十耳順，聽什麼話都點頭，不要有意見，避免情緒波動，影響血壓，呼吸要學習龜息大法，讓心跳變慢，聽說這樣可以延年益壽，就好像動物的冬眠狀態，照這樣說六十歲最像冬季。在這種以「安養」為社會思潮主流的情況下，我們都認為在半百、花甲階段最重要的就是養老、養生、養病，別無他想，搭配傳統上老人家白髮蒼蒼的形象，銀髮世代就成了「白色商機」，也將整個政府的老年照護政策、產業界的產品行銷定了型。

只是，真的是這樣嗎？隨著科技與醫學的進步，人類壽命早已不再是「人生七十古來稀」，大家開始覺得有點不對勁！六十歲之後好像還有二、三十年的人生，開始冬眠未免太早了！於是，新的論述誕生，主張六十歲應該是秋季！秋季是果實豐熟、辛苦耕耘後收割、慶祝豐年的時節。WHO也自二〇〇二年開始推廣「活躍老化」（Active Aging），意即協助高齡者持續參與社會、經濟、文化、靈性、與公民事務，而非進入既「退」又「休」的狀態。這樣一來，以「養老、養生、養病」的三養狀態不再能滿足這群猶如進入秋季楓紅燦爛、橘子紅了的明亮階段的熟齡族群，「橘色商機」的熱潮就此展開。

高齡經濟二・〇——秋季人設的橘色商機

橘色商機涵蓋食、衣、住、行、育、樂、醫療、金融等面向，鼓勵高齡者積極地充實生命、持續進修、自我學習、鑽研興趣、挑戰新領域來豐富精彩人生，確實是對抗退休後生活的一劑良方。但經過多年推動，由橘色商機衍伸而來的熟高齡樂活政策與產品似乎不受領情。台灣某知名科技大廠積極投入銀髮科技3C產品的開發，但市場接受度不如預期，該大廠找上「高發會」，問道，「我們想提供銀髮族更便利的生活，開發了各式各樣的產品，但銷售量很糟，可能是因為工程師都年輕人，不夠了解銀髮族的需要，可否幫忙研究一下問題在哪？」於是高發會找來一群高齡者試用各式各樣的3C產品，大家玩得不亦樂乎，最後在調查試用心得時，一位八十五歲的伯伯回答道：「產品很棒！等我老了以後，會考慮使用！那是給老人用的。」哎呀，這句話一語道破整個橘色商機的問題思維：不是產品設計有問題，而是產品是「給老人用的」！廠商的生產角度是，老人家有問題、我有技術，那就來生產解決問題的產品；但從消費者的角度來看，我用了這個產品，不就意味著我是有問題的老人嗎？

所以，產品好歸好，產品受眾卻不到不得已就盡量不用。為什麼？因為，大家都不願意認老。看看大數據關鍵字雲圖，圍繞著「老人」、「銀髮族」這些字眼的是「失能」、「病痛」、「孤單」、「退化」種種負面詞彙，顯示了當代社會充斥著對老人的消極刻板印象。橘色商機再怎麼描繪秋季豐收之美，品牌形象上仍擺脫不了「夕陽無限好，只是近黃昏」的蕭瑟感。

瞻望未來人口趨勢，現在五十歲的人有一半會活超過九十歲，現在出生的孩子有一半將成為人瑞。這樣看來，六十歲，算哪個季節呢？若把三十年當成一個完整人生，一到三十歲是第一人生，用來成長和訓練；三十一到六十歲是第二人生，用來奮鬥和成就；六十一歲之後的三十年，成了第三人生，用來做什麼呢？目前沒有答案。每一段人生，應該都有四季，春耕、夏耘、秋收、冬藏。這樣每一段的人生，都應該有他的目標、計畫、學習、累積與成長，這就是所謂的三生有幸；而每一段人生的開始，都應該是春季。中國古典《周禮》有「春者出生萬物」；《公羊傳》有「春者何，歲之始也。」；《注》有「春者，天地開闢之端，養生之首，法象所出……」；《前漢．律曆志》則寫道「陽氣動物，於時為春。春，蠢也。物蠢生，乃動運。」。六十歲作為第三人生的春之始，該打造的自然是「春季商機」。

高齡經濟三．〇——春季人設的壯世代商機

那麼，壯世代要打造的春季商機到底是什麼呢？是要拿掉當前社會、政府、與

產業對熟齡族群的生產力、消費力、自我實現、與做夢能力的陳舊設想，進而翻轉延伸而來的以年齡劃分為發展基礎的政策規劃與行銷手段。已經有不少國際研究都顯示，身體老化雖然難以避免，但個人的心理年齡卻能提供保護性緩衝，改善大腦表現與健康狀態。為什麼？因為當個人不受到客觀身體年齡的限制，通常更願意去嘗試新事物與周遭環境互動，進而對自己的生活有更高的滿意度，此一正面心理也會推動個人去改善自己的身體狀態，形成正向反饋的身心循環。

現行研究也指出，心理年齡並非單指個人自己覺得自己幾歲，更可細緻地劃分為感覺年齡（feel-age）、外表年齡（look-age）、行動年齡（do-age）與興趣年齡（interest-age）。這意味著產業在探索春季商機時，不應只受到身體年齡的「指引」，而是應該在產品研發與行銷策略規劃時，謹慎思索商品的「年齡定位」。更白話來說，壯世代想打造的春季經濟要跳脫以「如果你不……，就會……」為模式的「恐懼行銷」套路，因為害怕是人人避之唯恐不及的情緒，通常會讓顧客群覺得做到最基本的消費行為就好、不願投入更多，進而使得顧客黏著度低落。因此，想開拓春季商機藍海的產業，應轉以打造觸及熟齡者的不同心理年齡面向的產品及行銷策略，著眼如何讓正在開展第三人生之春的壯世代產生受到激勵、感動的情緒，進而產生想要不斷滿足、重複感受這些積極情緒。由此而生的消費動機，才能活絡整體社會經濟循環，避免陷入死水經濟。

在上述前提下，當前企業若要共同「茁壯」，究竟該如何重新構思壯世代這個群體，以為這「春季商機」撒下秧苗呢?誠如前面提到的3C產品試用案例所凸顯的，標榜產品是「專為熟齡世代設計」，有時反而造成反效果，而綜觀不同報章雜誌媒體書籍，也可看到主張應該努力讓商品或所欲提供的服務，以「無齡化」（即有類似需求者皆可使用）、轉向強調以滿足不同面向的需求為行銷主軸或訴諸生活經驗等。無論何者，壯世代認為，春季商機的關鍵，將環繞在企業是否能夠成功地打造出商品或服務的「意義」。壯世代相信透過訴諸「意義」的創造，會翻轉常見的恐懼行銷策略，轉以積極鼓勵之態勢，激起中高齡族群心中那股「想要」、「滿足」的消費動機，進而增加顧客黏著度與回購率。

壯世代的意義行銷

企業要將「意義」當作中高齡產品或服務的行銷核心，意味著要對此一概念做出更突破性、跳脫窠臼式的思考。

一、懷舊性的，勾起人們對舊往時光的美好回憶。

二、挑戰性的，在第三人生中去嘗試前兩段人生被束縛、無法放手一博的目標。

三、解放性的，想起在過往成長、工作、家庭框架中，那個被限縮住的自己，終於可以展現「真我」的時刻。

四、共享性的，與那些斷了聯繫的三兩好友、或者忙東忙西的子女晚輩共同分享一段難能可貴的相聚時光。

五、可以是支持性的，讓那些想要生活與情感獨立的熟齡長者們毫無後顧之憂地享受自己的時光。

六、探索性的，那本一直沒看完的書、沒拿起的畫筆、沒唱過的歌，最重要的是那個沒見過的自己。

「意義」的定義是如此無遠弗屆，是不是說明了壯世代的春季商機處處綻放呢？

壯世代商機成功案例——《捍衛戰士：獨行俠》

二〇二二年五月在台北上映的電影《捍衛戰士：獨行俠》（Top Gun: Maverick），是湯姆克魯斯最經典代表作之續集，主角再次展現對速度的渴求，當他訓練一組菁英小組去執行一個前所未聞的特殊任務時，被迫面對自己最深層的心魔。

續集上映一週即創下全球票房冠軍，開出二一．四八億美元（約七十二億元台幣）票房，是他從影以來最佳開票的數字。這件事告訴我們「～三十年」是個好商機。一九八六年《捍衛戰士》首集上映就在六年級生的二十歲，五年級生的三十歲，四年級生的四十歲。

重看續集對壯世代的「意義」，是讓他們回想當時在做什麼，重溫多少年輕歲月的回憶並激勵思考現在的生命意義。這個意義，獲得壯世代的青睞，展現壯世代的雄厚實力，創造了無限商機，這就叫做「壯世代商機」！

最近電影市場吹懷舊風，翻拍多部經典劇作，或是另外製作延伸片，例如《蝙蝠俠》、超賣座驚悚片續集《驚聲尖叫》、《德州電鋸殺人狂》，以及玩具總動員的外傳《巴斯光年》等，都成為影視熱潮。

在不同文化和產業裡也都觀察到同樣趨勢。

在演藝界，二〇〇三年十八歲出道的王心凌，一出道就被封為「甜心教主」，二〇二二年已經三十九歲的王心凌再度穿著學生制服在「乘風破浪的姐姐3」節目中大跳經典歌曲〈愛你〉，依舊少女感十足，一點也不違和，令人驚艷大為爆紅，許多王心凌的資深鐵粉直呼「回憶殺」、「我們沒死，只是老了」，更有爸爸抱著孩子上傳跳〈愛你〉的畫面，更有許多人要應援王心凌，就是要讓王心凌成為「浪姐3」出道成團的其中一人。粉絲們發起了買芒果股票替王心凌加油的熱搜活動，讓芒果超媒在中國的二十四日股票交易中一度漲近一〇％，市值飆升六十六億元人民幣（約兩百九十三億新台幣），展現懷舊經濟的威力。

在購物平台，蝦皮購物瞄準懷舊商機，「蝦皮ㄅㄧˋㄤㄅㄧˋㄤ節」全方位懷舊指南，賦予用戶穿越時空的能力，不只回到當年的物價，更精選深具指標性意義的經典懷舊商品，邀請大家一起復刻心中最美的年代、引領復古狂潮。「蝦皮ㄅㄧˋㄤㄅㄧˋㄤ節」，精選童年玩具竹蜻蜓、太空氣球通通十元有找，珍藏版大富翁經典款也只要七十九元；就連舌尖上的珍貴回憶也幫大家找回來，古早味零食、森永巧克力球全部銅板價，邀請大家搭乘時光機，回到過去撿便宜，用單純吃喝玩樂療癒宅家身心。想起小時候用銅板就能滿足購物的滿足感，大家懷念的不只物價，還有記憶中簡單、快樂的時光，締造銷售佳績。

經典復刻一直是時尚不敗方程式，看到陪伴成長的各項經典物品再次出現，總是能勾起深埋已久的回憶。或許企業應該想一想三十年前有什麼好東西，拿出來做續集、續曲、續攤，商機爆紅的機會應該不低！

但壯世代商機不等同於懷舊商機，還須注意它的目的、論述與方法：

目的：懷舊不只是因為念舊，而是為了追求歷史價值

懷舊風潮之所以興起，其實是生活文化自然演變的結果。當人們對新事物的驚喜與感動變得愈來愈少，許多原本只活在回憶裡的元素卻歷經層層轉化，用各種意想不到的形式重返生活。懷舊情懷也不只是為了重溫過去的美好時光，而是一種追求歷史價值的消費潮流。消費市場對於那些歷經時間考驗的元素充滿好奇，渴望在這不停前進的潮流當中，尋找那些曾經屹立不搖的本質。

論述：關鍵在於懷舊元素的詮釋

並不是每個故事都能打動今天的消費市場，也不是每個品牌都適合走懷舊路線。消費品牌若想要借助懷舊情感的感染力，就必須了解關鍵並不在於發掘不同的元素，而是在於如何「詮釋」這些元素。這些元素不只為消費體驗帶來驚喜，也為這些原本活在過去的傳統物件賦予了新的生活意義。

方法：捕捉核心價值，挖掘個人回憶，營造有感溫度

要掌握懷舊商機，不只需要理解元素裡原有的故事與價值，更需要回到品牌的本位來思考，先釐清品牌在消費者心中所象徵的價值，才能巧妙融合懷舊元素與品牌特質。

各個產業能對此做些什麼？之後的章節有更具體深入的解析，而這個篇章，要

做的是一件既簡單又困難的事，就是告訴所有對壯世代經濟學有興趣的讀者們，銀光經濟的關鍵，在於翻轉產品與行銷策略的「意義」。壯世代「身體面的照顧」未來一定沒問題，但心靈、社會等面向的照顧，會是需再努力的方向，期許未來各界對超高齡社會的想像更加豐富多元。

跳脫框架，以未來學思考壯世代商機

壯世代，為高齡化社會開啟一扇窗，讓人看到不同的景觀與機會。許多人心雖嚮往，但還是卻步不前，他們的疑慮不外乎：

一、有多少銀髮族能夠成功轉化為壯世代？

二、目前銀髮產業雖然令人不滿，但壯世代商機又如何證明需求存在？

三、壯世代翻轉工程似乎十分龐大，十分費力，需要多久才能成功？

台灣第一本探討銀髮生活產業的專書《不老經濟》（二〇二〇年商周出版），由資策會產業情報研究所（MIC）詹文男所長領銜，許多傑出的學者專家組成作者群合著。本書將高齡者的需求整理出六大（怕）點，諸如：怕生病、怕沒錢、怕無聊、怕尷尬、怕無能為力、怕死後不安……，並詳列出四十個案例，以及四十個現行商業解決方案的精彩實例，確實呈現目前銀髮族的實際生活需求，也是一部銀髮產業的指引聖經。

如果我們自滿於目前的銀髮族狀態，那這些需求與目前所提供的服務就已足矣。不過對超過六十歲以上的五百萬退休族群而言，他們不同於過去的高齡者，對未來尚有漫長的人生歲月，多數人有更高的期待，不是既有的銀髮服務所可滿足。如前所述，當前社會即使提出銀髮產業、橘色商機等美麗的名詞，提出五花八門看似樣樣俱全的方案，實際上都還是受到既有的思想框架所限制——也就是對於「老」的恐懼，認為「老」就是可怕的現實，對於現實只能承認與接受、想方設法去緩解自身的恐懼。然而，充滿負面情緒的動機不可能化為正向、沒有積極行動的原動力，就無法發展出生生不息的「希望產業」，這就是銀髮族與銀髮產業的困局。

既有方法無法面對全新局面

一般來說，人們通常使用兩種邏輯思維方式來推論現象獲取知識：「歸納法」和「演繹法」。歸納法是對於自身觀察到的現象，透過分析其中的共通性而得，是大多數情況經常使用的思維方法，也符合人類在時間當中逐漸累積知識的過程。演繹法則是另外一種面對事物的思維方法，是透過已經確知的既有知識，根據邏輯分析推論而得；而演繹法的問題也在於很難跳脫框架，而導致有可能無法正確判斷，更遑論推導出更複雜的系統——因為演繹法既然是來自於人們認為已經確定的知識，反過來去質疑那些已經確定的知識，這怎麼可能？

高齡產業如果依循既有的歸納法和演繹法，很難跳脫原本的思想框架，例如面對年齡增長，許多人往往僅是照著過去所學到的，認為五十歲、六十歲就該是體力不足、智力衰退，也因此格外怕生病、怕意外等等；但若是進一步深思，難道年輕時就不怕生病、不怕沒錢、不怕意外、不怕無聊……嗎？對無能為力的恐懼難道僅屬於年紀較長的人，年輕人就沒在怕嗎？顯然並非如此，如果年輕人就是天不怕地不怕，也不至於有「躺平族」一詞的出現。

然而一旦跳脫既有框架，甚至可以發現「壯世代」在相當程度上具有第一性原理的本體論、簡一律、動力因等特質，能夠幫助人們以全新角度看待事物、而有助於改善現有的生活與工作。這是因為「壯世代」倡言的「去老化」並非來自歸納法和演繹法，而是在面對當下種種與「老」相關的複雜現象，看出其背後最簡單、最基本的原因是來自於恐懼不安，從而著手找出精準的元知識，從所有問題的根源去解決問題，從而建立起全新的觀點與系統。這樣的思考無法透過歸納和演繹得出，也因此具有翻轉的巨大力量。

許多成功的企業家如馬斯克、賈伯斯等，都是掌握並善用第一性原理，而在自身的行業中創造出革命性的轉變。作為普通人，我們同樣有能力掌握抽象思維、將這個思維的方法運用在自己的生活、事業、人生上。

一旦看見這個可能性，「壯世代」就成為一個可以改變未來的關鍵事件。

從「未來學」角度思考商機

如前面提到的疑慮，目前銀髮產業無法滿足需求，但又如何證明壯世代的需求與商機存在呢？譬如，壯世代主張，影視業應拍製大量屬於壯世代的電影，以滿足五百萬退休族群休閒娛樂的需要，但實際統計數字卻告訴我們，壯世代很少進電影院。所以，壯世代電影到底存不存在，可不可行呢？

壯世代電影相當程度上具有第一性原理的特質，因為那是人性的需求，透過大螢幕精彩的故事放鬆紓壓、思索深刻的人生課題，就像年輕人喜歡看屬於他們的電影一樣。當趨勢條件堆積成熟時，基本的人性需求就會解放爆發。但如何判斷趨勢條件是否成熟呢？這需要洞燭機先的眼光。推測未來的趨勢，就在於如何判斷「關鍵事件」的發生；因為「關鍵事件」的發生，造成未來改變，換言之，提前看見、發現關鍵事件，就等於提前察覺未來變化，並且能夠更早開始準備。

「未來學」是一個關於未來的新興領域，未來學家用於判讀未來趨勢的工具與方式相當多元，包括了量化數據與質化研究等等。至於前所未見的未來，由於超乎尋常的思維框架，當被提出時往往直接被忽略，因為人們通常過於執著並仰賴自身既有的經驗知識，就像電影界對壯世代電影存在的偏執一樣。

未來學的知識，最重要的價值是能夠避免視而不見的危機、掌握良好機會或提出嶄新解決方案。關於未來的想像，並不僅限於學界，一般人也常常需要在自己的生活中做出選擇、解決難題，因此需要考慮未來的可能性，從而判斷並採取自己認為可能最佳的選擇或行動。問題包羅萬象，小到像是等一下要吃什麼、去哪裡吃？大到大學科系、工作、人生伴侶的選擇，甚至層級高到企業的發展方向、國家政策的規劃等，都需要對於不確定的未來有一定的掌握。

未來的世界變化多端，不易掌握是因為既有的知識和經驗不足以設想未來，人們很難靠著原來行得通的方法去面對之前從來沒發生過的事情，既然之前從未發生，當然也就沒有數據和資料可供推演；但未來並不是無稽之談，也並非完全無跡可尋，否則未來學家也無法推測出另類可能的未來和黑天鵝，並且針對未來趨勢提出解決之道。一旦能夠看出「壯世代」是一個「關鍵事件」，許多產業的決策可能因此發生大開大闔的創新。

銀髮族轉換壯世代，只是一念之間

雖然銀髮族的不滿日益騷動，壯世代的趨勢日益明顯，但從銀髮族到壯世代的翻轉工程似乎十分龐大，十分費力，有可能成功嗎？需要多久？

回答這個問題之前，大家先回顧一下女性解放運動的過程。這裡有一則報紙新聞，民國四十四年夏天有兩位女士穿著露出膝蓋以上十公分的短褲，在西門町逛街，竟然引起滿街騷動，路人層層圍觀，最後這兩位女士被警察帶走，以妨害風化交保候傳，報紙以斗大標題報導「大膽女郎難消夏，敢穿短褲到街頭」。這是哪裡出問題？思想的問題。六〇年代全球掀起女性解放運動之後，這個問題就成為天方夜譚般的笑談了！

想想，女性解放運動工程何等龐大，當時多數女性受傳統禮教的束縛，教育偏低，經濟未能自主，如何翻轉男性掌權下數千年的性別歧視呢？但是她們成功了，而且以很快的速度達成，因為趨勢條件堆積成熟了，基本人性終必解放，需求終必爆發。

以這個角度來看，具備高壽，高能力，高資產的壯世代，要從銀髮族轉換成壯世代，幾乎只是一念之間。

「壯世代」的創新擴散理論

女性運動是如何成功的呢？如何翻轉龐大的傳統婦女成為新女性呢？需要一一個別教育來進行改變嗎？所有創新事件是如何達成的呢？

一九六二年，美國學者羅傑斯（Everett M. Rogers）提出創新擴散理論（Diffusion of innovations）。他對於新科技、社會變遷始終保持敏感性，並且將創新擴散應用在所有關切的議題，包括發展傳播、健康傳播、新媒體、新科技、社會變遷、人際傳播、組織傳播，甚至是跨文化傳播。這個創新擴散理論指出任何創新的事物，包括概念、產品或服務。從個體接受創新的過程，乃至大眾接受創新的過程，其實是一個像海浪推進的動力，甚至只要人口中的少部分創新者接受，這個大海嘯就可能形成。

這個波浪是由許多異質大眾所構成，分別是創新者（innovators）、早期採用者（early adopters）、早期追隨者（early majority）、後期追隨者（late majority）、落後者（laggard）等五種不同特質的人。

一、創新者：占二．五％。他們是勇敢的先行者，自覺推動創新，願意承擔使用風險，社會地位高，資金也較充沛，可以應付初期的高昂成本。

二、早期採用者：占十三．五％。他們的自我意識高，社交活躍，樂意引領時尚、嘗試新鮮事物，但行為謹慎，喜愛藉使用創新產品製造話題，以維持社會網絡的中央地位。

三、早期追隨者：占三十四％。他們是有思想的一群人，也比較謹慎，在創新者和早期採用者使用一段時間之後，早期追隨者才謹慎的加入潮流。

四、後期追隨者：占三十四％。他們是持懷疑態度的人，只有當社會大眾普遍接受新鮮事物後，他們才會採用。

五、落後者：占十六％。他們是保守傳統的人，習慣於因循守舊，對新鮮事物吹毛求疵，只有當新的發展成為主流、成為傳統時，他們才會被動接受。

在創新擴散的早期，採用者很少，進展速度也慢；但當採用者人數擴大到居民的一〇％到二十五％時，進展會突然加快，即所謂的起飛期；在接近飽和點時，進展又會減緩，整個過程類似於一條S形的曲線。

在創新擴散過程中，這群看似勢單力薄的早期採用者，能夠在人際傳播中發揮很大的作用，勸說他人接受創新，為後來的起飛做了必要的準備。羅傑斯認為，早期採用者就是願意率先接受和使用創新事物並甘願為之冒險的人；這些人不僅對創新初期的不足有著較強的忍耐力，還能夠對自身所處之團體的意見領袖展開遊說，使之接受以至採用創新產品。透過意見領袖們的接受，創新將迅速向外擴散，而整個創新起飛期的來臨，就指日可待了！

創新擴散理論告訴我們，壯世代的推展策略，是可以由點到面，按部就班達成的。首先關鍵，在於找出二．五％的創新者，以全台五百萬壯世代估算，大約十二．五萬人，如果在一個區域，也可以從我們身邊的壯世代，一百人中選出兩、三個人，作為強力支持的鐵粉，培養這群鐵粉成為壯世代的典範，透過他們展現壯世代創新的生活型態，有了創新示範型態，加上現代媒體與社群快速傳播的威力，創造時尚潮流話題，吸引一三．五％的早期採用者加入，就可以進入壯世代的起飛期。

組織化的壯世代推動力量

找出二．五％，大約十二．五萬人的壯世代創新者的這個任務，將由「壯世代教科文協會」以「五大方案、九大目標」計畫，推動公益平台方式來完成。

五大方案包括：壯政策、壯產業、壯文化、壯運動、壯Style。

九大目標如下：

一、破解社會大眾對熟齡的過時迷思，翻轉負面認知。

二、打造壯世代語彙，重建熟齡論述，注入正向能量。

三、協助企業，發展壯世代產業，豐富熟齡多元需求。

四、協助政府，建構符合超熟齡社會的壯世代新政策。

五、協助個人，跨出規則重啟人生，追求第三人生目標。
六、結合學術，研究熟齡生活型態，引進國際新趨勢。
七、結合媒體，倡議壯世代新理念，導引社會新觀念。
八、結合團體，邀集相關組織機構，共同實現壯世代。
九、世代和諧，打造各世代相敬相惜共榮共創新生態。

而招募十三．五%的早期採用者，將由陸續加入的合作夥伴，透過產品，服務，活動等型態來推廣，並透過壯世代協會公益平台的撮合，形成互相支援的網絡，達成迅速擴散的威力。

PART

2

第一支箭

覺醒，個人社會責任

銀髮族如何翻轉成壯世代？

讓我們先定義壯世代是一群什麼樣的人呢？

壯世代教科文協會曾做過「壯世代品牌調查」，有如下的描述：

——壯世代是以中高齡的優點為基礎發展出的全新名詞，形容勇於「跨出規則」、充滿智慧，且超越社會的中高齡者。

——壯世代是 50⁺ 對人生有夢想、熱愛學習體驗、熱情有活力、講究生活品質、有智慧且喜歡分享、有行動力活出自己，追求身心靈豐盛的人。

——壯世代是有勇有謀，但已不受世俗拘束；擺脫束縛，用人生的智慧，創造真正屬於自己的精彩。人生很有方向感，著重在實現自我價值，與明確的生活目標。

——壯世代是繼續前進的人。

我最喜歡最後一句「壯世代是繼續前進的人」。

或許對應的一句是「銀髮族是安穩養生的人」。

但壯世代要繼續前進，必須明智地處理好最重要的同心圓關係，才能有圓滿的第三人生。

第一層：與自己的關係。

第二層：與伴侶的關係。

第三層：與子女的關係。

因此以下我分成三章來討論這三層同心圓關係。

——借用了浮士德的對話來討論壯世代與自己的關係。

——借用了佛洛姆的對話來討論壯世代與伴侶的關係。

——借用了麥克阿瑟的對話來討論壯世代與子女的關係。

討論這種深層內在的心理劇場，採用虛擬聊天室的方式來進行，比硬梆梆的自言自語論述有趣多了，而且想像跟一位精神導師在柔和昏暗的燈光下聊天，也更符合壯世代的調調。

壯世代大預測4

人生苦短，追求「浮士德精神」

前言

浮士德難題是人類共同的，在追尋人生的價值和意義時都無法逃避的難題。而「浮士德精神」則是一種不甘墮落、永不滿足的追求精神。這個精神碰觸到壯世代最深沉的生命意義問題，因為不談這個問題，而只在高齡者如何過愉悅生活的層面上打轉，壯世代就與一般樂齡主張沒有差異了。

德國偉大詩人歌德筆下的「浮士德」，是個深居學術象牙塔中，終至垂垂老矣的人物。面對即將朽壞的身軀，浮士德有非常多的懊喪，他覺得他的人生彷彿還沒有開始就要結束了，他花了一生的時間研究學問，卻對人生體驗品嚐太淺，對知識有說不出的厭倦。煩惱之餘，魔鬼和上帝之間打了一個賭，作為賭注的浮士德自己卻尚未知曉這件事。魔鬼引誘浮士德與他簽署了一份協議：魔鬼將滿足浮士德生前的所有要求，但是將在浮士德死後拿走他的靈魂作為交換。

書中，浮士德經歷了書齋生活、愛情生活、政治生活、追求古典美和建功立業五個階段。這五個階段其實都有現實的依據，它們高度濃縮了從文藝復興到十九世紀初期幾百年間德國乃至歐洲資產階級探索和奮鬥的精神歷程，作者歌德是將筆下的浮士德作為全人類命運的一個化身縮影。

這個聊天室，虛擬我跟浮士德的對話，因為「浮士德難題」是人類共同的，在追尋人生的價值和意義時都無法逃避的難題。以這樣的虛擬聊天室處理文章，目的在於凸顯浮士德故事中的精神對壯世代意義深遠，故以下「浮」的言論與浮士德的研究完全無關，也請浮士德專家們包涵，毋需過度解讀。

為何高齡方案常常無感

我：近二十年來，世界各國都在尋找因應高齡社會的處方，為什麼都成效不彰呢？

浮：不管是WHO提出的活躍老化，歐洲國家倡導的優雅老化，或其他各式各樣樂齡方案，大概都是採取「弱勢」與「照顧」策略，也就是前提上就把老人視為「病人」或是「有問題的人」，解決方法都帶著治療的眼光。其實六十歲以上需要被治療的高齡者，不會超過一五％，所以絕大多數的高齡者都對這些政策無感，覺得於事無補，也讓他們覺得整個生活框架不舒適不對勁。

我：但現在的活躍老化措施已經相當豐富了，為什麼還沒有對症下藥？

浮：現在活躍老化的項目繁多，教育體系就提供很多課程，從健康面（運動、營養、保健、瑜珈、舞蹈）、生活面（起居、休閒、旅遊、活動）、社會參與面（社交、志工）、專業技能面（數位、藝術類、投資理財商學、政經社會文學類、語文電腦、科技、傳播、法律、觀光休閒餐飲類、醫療護理類……）、心靈面（心理學、哲學宗教類、大自然探索）……，相當豐富。

但這些都是手段，都是「工具」，問題是，沒有建立「目標」，所有的手段都會變得沒有意義。

譬如，年輕時，你努力學英文背單字，徹夜不眠不休，懸梁刺股，不以為苦。因為你有一個未來的「目標」，所以再辛苦，都意興盎然。

中年時，你早起晚歸，日夜加班，企劃擠破腦筋，業務舟車勞頓，主管疲於奔命，老闆憂心忡忡……，但大家都鬥志高昂，奮戰不懈。因為他們也有個未來的目標，就是步步高升，功成名就。

但是，退休後，接下來的目標是什麼？這就是「症」，沒有找到這個症，吃再多藥都沒用。

高齡者為何缺乏生活目標

我：為什麼年輕人、中年人都很容易找到「目標」，而多數高齡者都很難建立第三人生的目標呢？

浮：因為人類歷史上從來沒有這麼多高齡者，觀念上七十古來稀，老祖宗沒有太多關於高齡人生的經驗，以前六十歲退休後，抱持著「收攤」的心態很正常，當然就沒有必要再建立新目標了。問題是，現代人比老祖宗壽命多出三十年，大部分會活到八、九十歲，卻一樣六十歲就準備收攤，二、三十年的生命沒有方向感，當然會出問題了。

我：那第三人生的目標是什麼呢？

浮：嗯……，每個人的目標都不同，第一人生的目標及第二人生的目標，通常是社會價值賦予你的任務，你只要從中選擇，然後力爭上游就好了，這個過程所追求的可以用一個「強」字來代表，你可以循序漸進達到心理大師馬斯洛所說的第四層次「尊嚴價值」需求的滿足，受到社會的肯定與尊重。

而第三人生已不再追求成為「強」者，那要追求什麼目標呢？壯世代提出的「壯」，我覺得滿好的，強是比高下，壯是比寬度，壯闊的視野，壯大的心胸，壯麗的人生，就是馬斯洛所說的第五層次的「自我實現」。

退休不該享清福嗎？

我：不好意思，請教你一個私密的問題，當你遇見梅非斯特（魔鬼）時已是五十幾歲（差不多等於現在的七十歲左右），在哲學、法學、醫學、神學已是享有盛名的學者，應該是功成名就，人生圓滿的老人了，為何還要出賣靈魂跟魔鬼簽約，換取二十四年的年輕生命呢？

浮：因為我還有很多事來不及去做啊！倒是我覺得你們現代人很奇怪，我們那個年代活到五十幾歲就不容易了，我想要多活幾年還得拿靈魂去跟魔鬼交易，而你們現代人，上帝平白多給你們二、三十年的壽命，讓你們活到八、九十歲，甚至百歲都稀鬆平常，但你們過了六十歲退休，就準備收攤無所事事，白白浪費可貴的生命。

我：奮鬥了一輩子，盡了該盡的責任，到了六十歲也累了，難道不該退休，好好的享清福嗎？

浮：那麼，吃了一輩子的飯，到了六十歲，難道就不吃了嗎？唱了一輩子的歌，到了六十歲，難道就不唱了嗎？做了一輩子的夢，到了六十歲，難道就不做夢了嗎？什麼都不做，都不追求，都不學習，天天放空就是享清福嗎？

我：你曲解我的意思了！退休享福，只是要放下肩上的責任重擔，無憂無慮地做自己愛做的事，過著悠閒的搖椅式生活，慰勞辛苦的一生，不是很棒嗎？

浮：人跟動物不同，動物只有「身」跟「心」，而人有「身」、「心」、「靈」。所以動物可以一生只做自己愛做的事，吃飽跟玩樂，身心就滿足了。而人的「靈」如果空洞了，身心也會連帶出問題。短期的休假做做自己喜愛的事，沒問題那叫休閒。但三十年天天休閒，是會出問題的。

身心靈的「靈」是指什麼？

我：那靈是什麼？

浮：靈就是「目標」。你看你的第一人生與第二人生因為充滿目標，所以你的靈很飽滿，再辛苦疲累你的眼睛依然炯炯有神。但你仔細觀察那些退休的人，每天注重養生，遊山玩水，心曠神怡，但幾個月不見，一見面雖然氣色紅潤，還是覺得哪裡怪怪的？是的，雙眼無神，失神了！

我：喔！我明白了！難怪你經歷了五十年的書齋生活後，還要跟魔鬼交易，換取年輕生命，繼續追求，但這樣難道你不累嗎？有些人認為你在登上學術高峰時，就該收攤，免得晚節不保。

浮：哈哈！晚節不保是集體意識的產物，個人是集體價值的工具，個人沒有價值，一生要為集體服務，達成集體目標時要守住，然後由集體賦予個人價值。

其實這也是不錯的設計，所以，家國體制設計了很多牌坊，作為個人的生命目標，確實也讓人活得壯烈精彩。

如果你找到那個使命感，我覺得很棒，你就把它當成目標，繼續去追求，它會讓你發光發熱，死而無憾。上帝創造世人，就是把人當成一件藝術品，祂希望看到每一個作品發光發熱，而不是黯然無光。

不過上帝更喜歡人追求自由，擁有自我意志，不斷地追求真善美，探索生命的無限可能，這樣的作品，就叫「極品」。

第三人生就是一個完整的人生

我：那麼，你換取年輕生命後，知道自己要去做什麼嗎？你有目標計畫嗎？後來發生的事，都如你所料嗎？

浮：沒有人知道明天將如何，但一定要有目標，朝著目標前進，過程會遇到很多意外，正是考驗你的決心，發揮你的能力，你會不斷跌倒，不斷站起，然後會不斷升級，不斷超越，不斷強大，過程就是發光發熱的元素。所以，最後能不能達成原先設定的目標並不重要，精彩的過程本身就是結果。

我：不設目標，一樣會有過程啊？過程不就是人事時地物的組合嗎？吃喝拉撒睡不也是過程？

浮：沒有目標的過程，沒有追求的方向，就不會有心靈的滋長，無法發光發熱。所以，重點在發光發熱，如果做什麼事能讓你覺得發光發熱，那就對了！

我：那麼如果我整天泡茶聊天，訪友探親，遊山玩水，含飴弄孫，打牌打球……，覺得日子過得很快活，算不算有意義的過程呢？

浮：如果過程是有意志的、有目標的、有學習的、有成長的，都是有意義的。但是目標愈清楚，就會愈有意義，過程就會愈精彩。就像學習，漫無目標的學習，當然也有助益，但有目標有計畫有意志的學習，才能獲得累積性的經驗提升，與專注投入的生命成長。

我：你的人生追求經歷了書齋生活、愛情生活、政治生活、藝術生活和建功立業五個過程，這是必經過程嗎？好像前面四個過程都讓你傷心失意，有沒有捷徑，可以一步到位？

浮：我如果知道，就不必跌跌撞撞，頭破血流了。但你還是太結果論，人生意義只看結果論定才叫「善終」嗎？而我強調，意義在於過程。所以，經歷五個過程，就像活了五次，我覺得很過癮很划算。

我：你的生命實在太豐盛了，可否給壯世代建議，第三人生到底要追求什麼，才過癮才划算？

浮：人生苦短，第一第二人生加起來，讓人完成人生的前段任務。但對於人生的美好，生命的意義，生活的多彩，世間的良善，萬物的奧秘，宇宙的真理，靈魂的修練……，多數人都來不及去學習與體驗。就這樣糊里糊塗的走了，未免太可惜了。既然上帝白白送給壯世代第三人生，就應該拿來追求後段這些重要課題，才過癮才划算。

規劃第三人生的八個步驟

我：如何規劃自己的第三人生目標，你可否給壯世代一些提示？

浮：不管你幾歲開始規劃，第三人生是一個「完整的人生」，是一個全新的開始，豐盛的歷程，而不是收攤或終結。每個人心中的第三人生藍圖都不同，沒有人可以為你規劃，一定要有自己的想法。多數人因沒有規劃，退休後就待在家裡，整天看電視、睡覺、公園走走，沒有培養任何興趣，平平淡淡的消磨日子，體力漸衰、毛病變多，就更走不出家門了，直到人生終了。

至於自己的藍圖如何規劃呢？我給你八點建議：

一、想想第一人生時的夢想。年輕時你想成為什麼樣的人，想做什麼事。大部分人進入第二人生就忙著成家立業，年輕時的夢想都束諸高閣。進入第三人生正好可以再重溫舊夢，試著去實現它。譬如，年輕時想畫畫，現在可以再拿回畫筆。

二、上網去搜尋許多成功人士的退休生活典範。可以含括古今中外你喜歡的成功人士，看看他們的人生觀，生活觀，他們做什麼事？他們追求什麼？他們如何居住、飲食、活動？他們有什麼給你啟發的作法？

三、問問現在的自己「什麼是生命中最有意義的事？」、「什麼是你一直想做而沒去做的事」、「什麼是你很想達成的目標或夢想？」而如果明天將死，你希望做什麼、想留下什麼才沒有遺憾。

四、上述三種方法都去試試，會得到很多想法，把每個想法做成一張卡片，相似的放一堆，最後歸納成三至五堆，你的藍圖就逐漸浮現出來了。

五、可行性分析——要評估藍圖每部分的可行性，運用職場常用的SWOT分析，分析自己的優勢（strength）、劣勢（weakness）、機會（opportunity）與威脅（threat），透過「內部、外部」條件與「正面、負面」因素兩軸交錯，得出四個分析面向，是企業制定策略前慣用的分析架構，拿來做個人條件評估也滿適合。

六、依照可行性評估，篩檢可行的夢想，然後拼成一幅第三人生的藍圖。

七、然後去想像活在這個藍圖中的自己，是否更加有價值，更加滿足。

八、接下來，就是執行紀律的問題了。一旦確定目標，就要養成練習的習慣，像當初考聯考或學專業技術一樣，再接再厲，確實執行，不可懈怠。

我：藍圖終於完成了，目標也確立了，在執行面有沒有一些參考作法呢？

浮：前面我們花很多時間討論目標的問題，這是必要的，因為目標如果沒有確立，作法就雜亂無章，沒有方向就沒有篩選標準，就無所適從。這是一般討論高齡生活的通病，只談生活方法，不談生命目標。因為一旦目標確立了，就可以開始選擇各種方法來起造第三人生這棟高樓。這些方法，坊間的書籍或網站有很多很棒的方案，都可以參考，但目標要靠你自己建立。

我：我們的處世哲學常勸我們「人生本是一場空」，「生不帶來，死不帶去」，「天下本無事，庸人自擾之」……，這類豁達的人生態度，何不逍遙自在過一生、揮揮手不帶走一片雲彩，一定要像你這麼辛苦不斷地追逐目標嗎？最終的目標不也是一場夢、一場空？

浮：確實，人類所有的目標，主義、來世、永恆……，或許都是虛構的夢想，可能經不起時空變遷及矛盾律的考驗。但這些目標，讓我們對永恆生命的探索無法停歇，不僅過程精彩豐富，也確實讓人類對浩瀚宇宙持續產生新的認識。詩歌讓愛情更美麗，宗教信仰聖化了生命的意義，科技開拓人類新視野，目標讓生命的活力永不止息。最終是不是一場夢一場空，沒有人可以給你答案，人生就像一場樂園，你拿到入場券，入園後可以參加各種活動或競賽，得到許多虛擬獎章，你也可以坐在咖啡區什麼事都不做，有些人玩一下就走了，有些人從早玩到晚，但時間到了，當你走到出口處時，你會知道值不值得這一趟。

不後悔的二十五件事

我：謝謝您上我們的聊天室，給我們許多新的啟發。壯世代就是要幫高齡者，重寫一個生命故事，不再是養身、養病、養老的銀髮族故事，而是充滿活力的第三人生故事，與您的主張不謀而合。最後，可否再給我們開一套處方，讓壯世代臨走前，可以無憾一生？

浮：我借用臨終醫療專家大津秀一的書《死前會後悔的25件事》來回答你的問題，他曾經陪伴過一千名以上的臨終病患度過他們人生的最後一程。身為醫生的他發現，許多臨終病人的懊悔情緒，更勝於肉體上的痛苦。於是，大津秀一決定將這些令人深感後悔的事記錄下來，給活著的人們思考，在自己的生命中，哪些東西值得珍惜，哪些東西根本無需在意，又有哪些事在身心尚有餘力時，應該盡全力地追求？才能活出真正屬於自己的人生。

1. 不重視健康
2. 沒有戒菸

3.沒有表明自己的生前預囑
4.看不清治療的真義
5.沒有去做自己想做的事
6.沒能實現夢想
7.曾經為非作歹
8.一輩子受到感情操縱
9.沒能對他人體貼
10.深信自己是最好的
11.沒有決定如何處理遺產
12.沒有計畫自己的葬禮
13.沒有回故鄉
14.沒有吃好吃的東西
15.全心工作沒有時間培養興趣
16.沒有到想去的地方旅行

17. 沒能見到想見的人
18. 沒有談過刻骨銘心的戀愛
19. 沒有結婚
20. 沒有生孩子
21. 沒讓孩子結婚
22. 沒有留下自己活過的證據
23. 無法超脫生死的問題
24. 不知神佛教誨
25. 沒有對所愛的人說「謝謝」

壯世代大預測 5

學習愛的藝術，圓滿愛的處境

愛是天生的需求，但不是天生的能力。就像你愛美，但你不一定懂美。愛是一門藝術，它很精緻而巧妙，你必須學習愛的知識並付出努力，你才能真正了解愛。

埃里希．佛洛姆（Erich Fromm），德國古典心理學家，是佛洛伊德以後最重要的精神分析家之一。「愛」向來是學者不敢碰觸的主題，因為太貼近現實，人人的經驗不同，不容易有共識。《愛的藝術》是佛洛姆的第六本著作，他大膽發展愛的理論，分析人類愛的共同「本質」。這本書出版於一九五六年，迄今已超過半個世紀，被翻譯成三十四種語言，全球銷量高達三千萬冊，迄今依然長銷不衰，是一本跨時代的經典。二〇二〇年台灣高達五萬一千六百八十對怨偶離婚，在這「不懂愛」的年代，更需要重新閱讀佛洛姆的這本書。

本篇聊天室，依前例跨過時空，虛擬我跟佛洛姆的對話，但以下（佛）的言論，純粹是我閱讀佛氏之書的心得，不完全代表佛洛德的主張，一則愛的內涵仍是時代社會的產物，半個世紀的社會落差相當巨大，二則壯世代第三人生對於愛的處境，也與第一第二人生的處境不同。因此，尚請佛洛姆專家們多多包涵，如對佛書有興趣的讀者，也請自行研讀專著。

愛是天生的需求，但不是天生的能力

我：文學家元好問名言「問世間，情為何物？直教生死相許。」道出了情是生死之事，請教「情」是什麼？

佛：情就是愛，人與人之間會不斷生出「隔離感」，而「隔離感」是人類「一切焦慮不安的根源」。「如何脫出隔離感，如何達成結合，如何超越自己的個人生命而找到合一」，人類為了處理隔離感的焦慮發展出的解決之道，就是「愛」。所以，愛是生死大事。

我：愛是與生俱來的能力嗎？

佛：愛是天生的需求，但不是天生的能力。就像你愛美，但你不一定懂美。愛是一門藝術，它很精緻而巧妙，你必須學習愛的知識並付出努力，你才能真正了解愛。如果你認為愛僅僅是一種偶然產生令人心蕩神怡的感受，只是一時墮入「愛的情網」的浪漫時刻，你在愛這件事上，失敗的機率就很高了。

我：現代社會愈來愈容易「愛」，但也愈來愈容易失敗，為什麼？

佛：商品化的社會往往把愛當成一個物件，認為愛情就是被人愛的CP值，只要拉高自己的CP值，就會得到更多的愛，尋求愛情的動機是為了脫離孤獨與分離感的牢籠，致力於尋找那個「條件最好、最適合自己的人」，那是一種要求被愛的「偽」愛情（Pseudo-love），是一種求利益交換共生性的結合（Symbiotic union）；而真正的愛情是給予，發自於主動的情感，成熟的愛是「因為我愛你，所以我需要你」。不成熟的愛是「因為我需要你，所以我愛你」，這就是不成熟的愛失敗的原因。

「銀色離婚」是一股趨勢嗎？

我：現代社會愈來愈發達，但結婚率愈來愈低，而離婚率卻節節高升，感覺現代人愈來愈不敢愛了，或愈來愈不會愛了？

佛：我看到了，這真是令人難過憂慮的事，現代人要愛愈來愈難了。台灣在二〇二一年二十五歲至四十四歲的適婚年齡層，未婚率高達四十三·二％。結婚十一萬四千六百零六對，續創新低，而離婚四萬七千八百八十七對，也不斷創新高。日本厚生勞動省公布了《二〇二〇年人口動態統計年報概況》，全國有五十二萬五千對伴侶步上紅毯；同年，也有十九萬三千對夫妻勞燕分飛，走向婚姻終點。差不多三對的婚姻就有一對會失敗。中國離婚數也從二〇一〇年的二百六十七·八萬對增加到二〇一九年的四百七十·一萬對，近十年時間成長了約七十五·五％。離結比（離婚數與結婚數的對比）在二〇一九年，更高達五〇．七%，表示在中國離婚數已經超過了結婚數的一半，真是恐怖，不過，歐美有些地區甚至高達六、七成以上。

我：根據日本二〇二〇年的離婚調查，有超過半數（五十五．六%）是因性格不合選擇分開，其次是外遇（一七%）及家庭暴力（一六．二%）。而且，隨著高齡化社會的來臨，似乎「銀色離婚」（Grey divorce）也形成一股趨勢？

佛：壯世代離婚潮，確實蔚為趨勢。根據日本二〇一八年的調查，四十至六十四歲的夫妻中，有超過半數以上對「卒婚」（從婚姻中畢業）抱持正面態度，甚至六十歲女性有將近八成（七十八．七%）支持卒婚觀念，而根據美國的數據，從一九九〇至二〇一五年，五十五至六十四歲的人離婚率翻了一倍，六十五歲及以上的美國人離婚率甚至翻了三倍，約每四對離婚夫妻中就有一對超過五十歲，而根據台灣主計處的統計，二〇一八年，台灣五十至六十五歲以上男女離婚對數皆約為二〇〇七年一．五倍，這十年間五十歲以上人口的離婚對數不斷成長。

我：離婚原因超過半數是因為性格不合，甚至很多老夫老妻相處一輩子，應該是愈來愈有夫妻臉，怎麼還會性格不合呢？

佛：愛情使人脫離孤立與分離感，但不成熟的愛情，常要求對方成為我希望的樣子，以便把對方當作我使用的工具，結果反而讓人失去自我，陷入更大的孤獨。所以，成熟的愛，一定是奠基於雙方成熟的人格。一個不成熟的人，連獨處時都無法安置自己，怎麼可能期待與另個不成熟的人結合，而得到完全的生活呢？怎麼可能期待對方因為你的陪伴而感到充實呢？如果自己不成熟，想藉由對方的愛來救贖自己是不可能的，最後只是把兩個人都帶入痛苦的漩渦。所以，老夫老妻吵架，表面看起來是性格不合，其實是人格不成熟以致。

最後伴侶決定最後人生

我：壯世代進入第三人生，對生命的有限更有急迫感，對最後伴侶應抱持什麼態度？

佛：最後的伴侶這個議題，如果是抱持銀髮族的觀念，就不必太費心討論，維穩就是最佳的策略，如何穩定家庭，穩定配偶，穩定子女，穩定家族，給自己一個安穩的晚年，就是最高目標。為了維穩你必須去配合別人，以別人為主體，而不是以你自己為主體。但是如果你是壯世代，就必須認真的面對，因為還有一個完整的人生計畫，也是最後的機會，最後的伴侶會決定你的人生計畫會不會成功，所以你不能得過且過。現在離婚率高升的原因，主導力反而在女性居多，過去男尊女卑的觀念，多數女性能忍就忍。但現代社會女性自覺意識高漲，很多人不想人生留下遺憾，想要好好的規劃自己的人生，所以壯世代的第三人生的主題就是好好做自己。

我：銀髮族追求「安」，平安就是最大福氣。壯世代追求「壯」，再創第三人生精彩。大部分人卡在這二者之間，既想求安又想求壯，這二者有平衡點嗎？

佛：有，但一定要先做好自己，你才能恢復愛的能力。大部分人的第一人生基本上是過自己的人生，所以累積愛的能力。但進入第二人生通常是進入合夥的人生，生兒育女，成家立業，家庭成為經濟的單位，透過合夥相互協助完成人生的任務，但在這個過程中，生命都以配合別人為主，自我逐漸萎縮，愛的能力大多消磨殆盡，到這階段很多配偶就開始埋怨另一半，但是習慣互相遷就的生活模式，也很難改變，往往陷入一種家家有本難念的經，有理說不清的困境，最後選擇耳根清靜，睜一眼閉一眼的沉默態度，這就是大部分的人生寫照，互相遷就的人生，難得成功的愛。

我：自愛跟自私有什麼差異？

佛：《聖經》提到「愛人如己」，就說明了愛自己和愛別人是不可分的。真正愛人的能力，發自個人自愛的能力。個人對自己生命、幸福、成長和自由的肯定，才能對別人的生命有關懷、尊重及責任。而自私只對自己感興趣，一切為我所用，他們體會不到「給」的愉快，而只想「得」。周圍的一切，凡是能從中取利的，他們才感興趣。自私者眼裡只有自己，總是按照對自己是否有利的標準來判斷一切人和事物，他們原則上沒有愛的能力，自私的根源恰恰在於缺乏自愛。

如何看待壯世代的婚姻關係

我：壯世代如何實踐自愛的第一步？

佛：前面提到第一人生是自己的人生，第二人生是合夥的人生，那麼進入第三人生的壯世代，應該再走回自己的人生，才能啟動嶄新的生命力。壯世代實踐自我的第一步就是好好做自己，追求自我，超越自我。我一再強調自我並不是自私，愛自己才有能力愛別人，一直遷就別人不愛自己，別人感受不到你的愛。或是一直要別人遷就你，你也不是愛別人，大家都是在做功能維穩而已，而不是真正的愛。

我：現在銀髮離婚蔚為風氣，如何看待壯世代的婚姻關係？

佛：過去銀髮族的最後人生哲學就是維穩善終，所以以前的晚年離婚確實很少。現在多出的第三人生，問題就來了。大部分人在第二人生責任盡了，減少了合夥的任務，不必太遷就別人後，會變得比較擇善固執，因為他體驗到時間有限，不願意浪費時間生命，而更想做自己，這種情況下，似乎很難再靠維穩善終來維繫，如果沒有正面面對，配偶常常變怨偶，晚年離婚就變多了。因此，過去的委曲求全，家和萬事興觀念就不適用第三人生了，壯世代必須正面的面對第三人生的婚姻關係，所謂面對並不是鼓勵你離婚，而是你要積極的追求幸福的關係，不能將就。

我：壯世代如何追求幸福的婚姻關係？

佛：壯世代的第三人生婚姻關係，要重新起算，當作是一個新婚。你要重新學習，重新適應，重新認識對方，不要把對方當作是個熟透的老傢伙。如果抱持第二人生的延續觀念，通常是有一方或雙方在忍耐，不會太幸福。首先，要認知你跟你的伴侶都成為獨立的人，你們要繼續攜手第三人生，就不能把配偶當作理所當然的伴侶，而是要重新檢討合夥的條件，雙方必須公平對待，如果有一方付出得多，另一方視為理所當然，這樣的合夥就會出問題，你要讓對方喜悅，對方也要讓你喜悅，這樣兩個人才會喜悅。如果只是數算別人的責任，保護自己的權利，任何一方受到委屈，在現代社會都很難維持。你要把對方視為一個完整的靈魂、有他的個性、喜好、習慣、價值觀、對人生的態度、還有他需要愛情的方式。支持對方展現真實自我的機會，看到對方的自我實現，會令自己喜悅，重新展開雙方的親密關係。

我：真正的親密關係是什麼樣的畫面呢？

佛：真正「在愛中」的狀態，是「如果你體驗到對方人格的無限性，你便永遠不會太熟悉對方，而你會發現克服雙方阻隔的奇蹟，不斷地發生」。愛乃是一項不斷的挑戰。它不是一個歇息之地，而是一同行動、一同成長、一同工作。在愛中，兩個人是從他們生命的本質去體驗自己，是透過與自己合一，而不是逃離自己去和對方合一……，愛的存在只有一個證明：關係深邃，即雙方各有活潑和強壯的生命力。這是愛的果實，也是愛賴以被辨識出來的標誌。

最後伴侶的三種型態

我：雖然《愛的藝術》理論很美好，但在實踐上還是很抽象，是否有壯世代的最後伴侶型態，可提供具體的實踐方式？

佛：我在所有著作裡並沒有提出第三人生的伴侶型態，不過從壯世代的理念裡，我也頗有啟發，或許我們可以一起歸納具體模式，提供給大家參考：壯世代的最後伴侶，或許可以分三種型態：

一、孤獨伴侶—靈之最愛，本質是孤獨。

對於壯世代而言，孤獨是不可避免的，也是美好的。就像你的第一人生，也是孤獨的。但是孤獨是追求靈性的必要條件，譬如你要出家修道，一定是一個人的事，不會全家都帶去吧。大衛梭羅（Henry David Thoreau）說：「你永遠找不到一個比孤獨更讓人怡然自得的伴侶。」人類最深刻的精神體驗，通常不是來自外部經歷，而是發生在內在的醞釀，這需要借助孤獨與獨處。第三人生的意義，更需要透過孤獨的沉澱，才能進行更豐富的自我發現與探索。所以，（自己的）需求，一定是最後的伴侶之一。

二、生活伴侶—心之最愛，本質是生活。

人是社交的動物，多數的快樂都需要與他人一起創造與分享，獨樂樂不如與眾樂樂。如前所說，人為了逃避「隔離感」的焦慮，所以需要「愛」的填補。「親密關係中的兩個人走在一起，是因為有其共同利益。」而在愛情或是婚姻關係之中，共同的利益就在於兩人可以相伴為伍，共同面對這個充滿敵意和疏遠的世界。另外，生活的陪伴，經濟的互助，安全的照顧，都是心理滿足之必要條件。所以，少年夫妻老來伴，（生活的）需求，也是最後伴侶之一。

三、生命伴侶—身之最愛，本質是生命。

問世間，情為何物？直教生死相許。這是最高層次的伴侶，生活伴侶是選擇一個可以過生活的人去愛，生命伴侶是選擇一個愛的人一起過生活。但人性是脆弱的，誰能保證山盟海誓，一定能天長地久。身體的相互承諾，是可貴的防線。但「如果行為中不包含著判斷與決心，又如何能夠斷定這份愛情能永遠持續？」所以生命伴侶是人格整體之展現，包含了照顧、責任、尊重與了解。必須能自律、專注、耐心，察覺到伴侶對己身生命完整的意義。

愛的追尋的三種途徑

我：三種伴侶型態的分類，讓我們更清楚問題的輪廓，避免混為一談，明明追求生活伴侶，卻要求生命伴侶的回饋，明明互許生命伴侶，卻又追求孤獨伴侶的標準。站在不同的立足點，就雞同鴨講，難以溝通。但三種型態還是靜態的，而愛的需求與發展是動態的，能不能幫我們找出動態的途徑，以便尋求改善的實踐作法？

佛：或許結合我的理論，參酌壯世代的思想，我們可以試圖歸納出三種途徑：

一、遷就途徑：生命—生活—孤獨

二、成長途徑：孤獨—生活—生命

三、調整途徑：生活—孤獨—生命

透過三種途徑，我們可以更明白當前的處境，發展的目標，以及實踐的作法。

我：何謂「遷就途徑」？

佛：遷就途徑是一般的情感發展模式，途徑是「生命—生活—孤獨」。愛情一開始是天雷勾動地火，一個孤獨的人，在人海茫茫中，終於遇到一位具有吸引力的陌生人，讓彼此能脫離原先的孤寂，快速地融化在一段有溫度的關係，進入極其興奮與美妙的時刻。這種愛本質是「生命需求」，發之於身體的驅動，體驗熱戀狀態，彼此以身相許，承諾誓約，幸福甜蜜。但這種愛是居於我需要你，所以我愛你，往往是不成熟的。

不成熟的愛經不起時間的考驗，隨著相處的時間增長，進入生活需求的階段，熟悉扼殺了愛情的新鮮感，凸顯了彼此的差異，截然不同的生活習慣，天南地北的價值觀，沒有共識的未來圖像，但生活中充滿著共同事務，攜手合作是必要的遷就。

長期的遷就造成人性的疏離，而逐漸朝向「孤獨需求」發展，有些人可以遷就一生，有些人遷就六個月，平均遷就約七年上下。疏離方式可能是離婚，分居，冷漠，或是二個平行發展的個體。

我：何謂「成長途徑」？

佛：成長途徑是一種學習發展模式，途徑是「孤獨—生活—生命」。我認為這是比較健全的愛情發展途徑，首先個人必須先學會孤獨，尋找自我，了解自我，才能培養成熟的人格。「體驗到我的強壯、我的豐饒和我的能力……，表現我的蓬勃生命力」，才具備愛人的能力。

成熟的人才能明白自己的選擇，找到自己真正所愛，而不是依賴身體的盲目驅動。然後在生活中，「因為樂於給予，豐富了他人，以增強自己生命感的方式擴大了他人的生命感。他給予並不是為了領受，給予本身便是狂喜。」兩個人並沒有因為生活的遷就而失去自我，反而彼此扶持，相互成全，不斷共同創造新的事物，雙方分享彼此的生命而不斷壯大，因著相知相惜，完成自我實現，最後愛成為二人共同的責任與信仰。

我：何謂「調整途徑」？

佛：調整途徑是一種改善現實的模式，途徑是「生活—孤獨—生命」。大部分的愛情現實都處在「生活伴侶」狀態，他們對生命伴侶的渴望卻不可得，反而加劇彼此的怨懟。或許，雙方要先經過「孤獨伴侶」的學習過程，回到最初的狀態，重新認識對方，也重新定義自己，保持一定的距離，彼此尊重，讓各自找回自己喜悅的地方，讓自己成為令人喜悅的人，找回當初的感動，整理生命的交集。經過一段時間的休養生息，逐漸恢復愛人的能力，或許他們有機會發現彼此攜手邁向第三人生的喜悅與意義。

我：謝謝大師指點迷津，給壯世代非常重要的啟發，最後請教大師何以這麼懂愛情？你有實踐自己的理論，找到理想的最後伴侶嗎？

佛：我本人的愛情路走的並不順遂，經歷三次的婚姻。或許，正是愛情的波折，婚姻的失敗，讓我對愛情有了更深刻的體悟，才能寫出《愛的藝術》。直到第三段婚姻，遇到愛麗絲佛瑞曼，才對妻子充滿愛意與感謝，才實踐愛情的真義。所以，這本書比較像個人生命的體悟，而非學術之作，希望對在愛情之路受苦的人們，有所幫助。

壯世代大預測6

與下一代相互依存，互相獨立

前言

壯世代讓子女接受人本主義的教育培養，是希望他們追求幸福的人生，現在他們活出人本主義教育出來的樣子，壯世代主導的社會卻無法適應這樣的成果，說起來也相當矛盾！今天很多父母對孩子的行為表現有失落感，談起孩子總是欲言又止，部分的老師談起他的學生，也露出無可奈何的苦笑，而許多企業老闆談起他的年輕員工，也覺得缺乏忠誠度，重視權利更勝於責任與義務……，或許這是必要的過程，不同的教育理論培養出不同的世代行為之後，彼此都需要重新調適。

麥克阿瑟將軍（General Douglas MacArthur,1880-1964）是終結二次世界大戰關鍵的英雄人物之一，美國人尊稱他是「僅次於上帝的不死老兵」。二戰後維持了將近八十年的世界和平，培育了戰後嬰兒潮世代，創造了有史以來人類未有的繁榮與進步。如今人口龐大的嬰兒潮逐漸邁入高齡，也成為有史以來未曾見過兼具高壽，高智能，高財富的壯世代。一九六四年台灣第一條高速公路通車，正值麥帥過世，甚至命名為麥帥公路以紀念他（後來併入中山高），現在台北還有麥帥一橋和麥帥二橋存留麥帥名稱。然而他在台灣留下的最深印象，可能是一篇收錄在中學國文課本裡的〈麥克阿瑟為子祈禱文〉中的慈父形象吧。

為了探討壯世代三個最重要的關係之一：子女關係。我們虛擬這個聊天室，邀請這位充滿智慧深愛孩子的英雄人物來跟我們聊天，探討壯世代與子女的相處之道。當然，以下除了祈禱文之外，都是虛擬的對話，不代表麥帥的觀點。

祈禱文

主啊！懇求你教導我的兒子，
使他在軟弱時，能夠堅強不屈；
在懼怕時能夠勇敢自持，
在誠實的失敗中，毫不氣餒；
在光明的勝利中，仍能保持謙遜溫和。

懇求塑造我的兒子，
不至空有幻想而缺乏行動；
引導他認識你，同時又知道，
認識自己乃是真知識的基石。

主啊！我祈求你，

不要使他走上安逸、舒適之途，
求你將他置於困難、艱難和挑戰的磨練中，
求你引領他，使他學習在風暴中挺身站立，
並學會憐恤那些在重壓之下失敗跌倒的人。

主啊！求你塑造我的兒子，
讓他有一顆純潔的心，
遠大的目標；
使他在能指揮別人之前，
先懂得駕馭自己；
當邁入未來之際，永不忘記過去的教訓。

主啊！在他有了這些美德之後，
我還要祈求你賜給他足夠的幽默感，

使他能認真嚴肅，卻不至過分苛求自己。

求你賜給他謙卑的心，
使他永遠記得，
真正的偉大是單純，
真正的智慧是坦率，
真正的力量是溫柔。

如此，作為父親的我，
才敢輕輕的說：
「我這一生總算沒有白白活著」，阿們！

現代父親已不寫祈禱文了

我：上面這篇〈麥克阿瑟為子祈禱文〉（A Father's Prayer）寫於一九三七年，當時你已五十七歲，你的獨生子亞瑟麥克阿瑟四世還未出世（一九三八年生），你怎會為還未出世的孩子寫祈禱文呢？

麥：哈哈！這是我們那個時代父親對子女的普遍期待吧。你們現在都不寫了嗎？

我：哈哈！應該說，我們這個時代的父親都不敢寫了！

麥：為什麼？你們對子女都沒有期待了嗎？

我：因為世界變化很快，兩個世代間的期待有很大落差，所以父親的期待，趕不上孩子世代的變化，愈多的期待可能帶來愈多的衝突和對立，所以現代普遍主張關心多於期待。

麥：發生了什麼變化呢？

我：世代對立的原因很複雜，不過深層來看，源自兩個世代不同的教育理論。

麥：這個有趣，說來聽聽。

世代對立源自不同教育理論

我：近代二個主要教育理論，一個是二十世紀上半期流行的「行為主義學習理論」，類似荀子的性惡論。一個是二十世紀下半期流行的「人本主義學習理論」，類似孟子的性善論。不同的教育理論，培養出不同的人格。了解這二套教育理論的差異，大概就可以掌握世代對立的根本原因。

麥：沒錯，我們那個時代流行的應該是行為主義學習理論。

我：戰後嬰兒潮的壯世代所受的教育，基本上也是依據行為主義學習理論而設計的，這是在二十世紀初期，美國心理學家約翰・華生（John Broadus Watson）所創立的學習理論，在格思里（Edwin Ray Guthrie）、赫爾（Clark L Hull）、桑代克（Edward Lee Thorndike）、斯金納（Burrhus Frederic Skinne）等的影響下，行為主義學習理論在美國占據主導地位長達半個世紀之久，甚至風靡全球。

麥：美國在戰後對世界的影響力真是無孔不入啊！

我：這個理論的基本假設是：行為是學習者對環境刺激所做出的反應。他們把環境看成是刺激，把伴而隨之的行為看作是反應，認為所有行為都是習得的。行為主義學習理論套用在學校教育實踐上，就是要求教師掌握塑造和矯正學生行為的方法，為學生創設一種環境，儘可能在最大程度上強化學生的合適行為，消除不合適行為。

麥：這個理論很棒啊，跟我在西點軍校當校長時的想法差不多。他們還主張什麼？

我：行為主義學習理論的幾個核心主張：

一、學習的本質是在刺激和反應之間形成連結。

二、學習的過程是不斷嘗試去除錯誤以形成連結的過程。

三、人類的行為都是後天習得的，環境決定了一個人的行為模式。

四、恰當獎勵與懲罰是促進學習的關鍵。

五、學校的責任在於提供符合要求的情境、刺激，形成與正確反應間的連結。

麥：完全正確啊！教育就是反覆地灌輸正確的價值，把前人的智慧傳遞給下一代，這是天賦的使命啊！我在祈禱文裡，也是熱切地要灌輸孩子這樣的觀念。第一要拒絕空想，提高行動力。第二要勇敢，在艱難中要挺身面對。第三目標要高遠，才會成就大事。第四失敗時不要氣餒，爭取最後的勝利。第五要保持幽默感，帶來和諧的人生。這樣的學習理論會有什麼問題呢？

壯世代成功的複製教育

我：這套教育方法，也被譏為填鴨教育，就是把國家社會認為最好的一切典範，塞進受教育者的腦袋。像工廠模子生產一般，快速而有效率地培養出大批符合社會發展需要的人才。不過這個作法，正好迎合戰後全球重建，百廢待興，需求孔急的需要。這批人才就是現在所謂的壯世代，他們目標一致，向錢看齊，野心勃勃，高唱明天會更好，反覆練習的習性，讓他們習得豐富的工具操作能力，擅於觀顏察色的社會化性格，讓他們精通左右逢源的創業能力。他們像一支部隊，不斷地推動時代的巨輪向前……。

麥：戰後整個全球文明的大躍進，壯世代居功甚偉啊！這有什麼不對呢？

我：隨著全球的繁榮，壯世代掠奪了權力和財富，但他們只知道不斷掠奪堆積，卻不知自己想要什麼，這也是行為主義教育下的悲哀。於是，到了他們的孩子或孫子，他們不希望下一代重蹈覆轍，能夠追求自己的幸福。

麥：確實也是這樣，我一直期待我的獨生子能夠報考軍校，繼承我的衣缽。可是他最終還是選擇了音樂的道路。

一場教育實驗的美夢

我：被壓制的人性，也成為壯世代追求自由尋求突破的驅動力，因此開始有教育改革的呼聲，適時地，學術界興起了「人本教育理論」，我們毫無保留地把孩子送進一場教育實驗的美夢。

麥：我喜歡求新求變，在戰場上一成不變是最危險的，教育亦然。人本教育理論是怎麼回事？

我：人本主義是二十世紀五、六十年代在美國興起的一種心理學思潮，其主要代表人物是馬斯洛（A. Maslow）和羅傑斯（C. R. Rogers）。人本主義教育學家批評，行為主義將人類學習混同於一般動物學習，把人降低到「一隻較大的白鼠或一架較慢的計算機水平」，不能體現人類本身的特性，應該關注人的高級心理活動，如熱情、信念、生命、尊嚴等內容。從全人教育的視角闡釋了學習者整個人的成長歷程，以發展人性；注重啟發學習者的經驗和創造潛能，引導其結合認知和經驗，肯定自我，進而自我實現。

麥：二次大戰後，全球出現許多社會運動，如美國黑人民權運動、美國反戰運動、法國學生運動、捷克布拉格之春等等。歐洲也出現存在主義，認為人類在有完全自由選擇的情況下，應開創自己的價值，並為自己的行為負責。藝術上，後現代主義與解構主義等思潮開始進入各個領域，以多元化、異質性等特色，打破現代主義與結構主義的成規，使社會議題與學術研究更趨向於多元發展。所以，人本主義教育應運而生，也是大勢所趨。它的教育主張跟行為主義有什麼不同？

我：人本主義學習理論的幾個核心主張是：

一、強調要以學生為中心來構建學習情境。

二、重視教育者對學生內在的心理世界的了解，以順應學生的興趣、需要、經驗以及個別差異等，達到開發學生的潛能。

三、教師的任務不是教學生知識，而是要為學生提供學習的手段，至於應當如何學習則應當由學生自己決定。

四、教師的角色應當是學生學習的「促進者」，而非指導者。要消除師生間的距離和對立，使學習成為樂趣。

五、教育目的不是適應社會，而是培養更好的人類。

麥：這些教育主張顛覆了數千年來師者傳道授業解惑的精神，而以因材施教，開發學習者的本能為教育目標，不可諱言，確實也充滿實驗性的冒險……，結果如何呢？

我：人本主義有力衝擊了行為主義的機械學習論，迎合了身為父母的戰後嬰兒潮壯世代追求解放的心聲，如火如荼地促進了當時的教育革新，開啟教育史上的嶄新一頁。這套教育理論，培養出來的下一代，確實更加「了解自我」，更能掌握自己的優缺點，更加有自己的主張、更有破壞性創新、更不在意社會的價值，也更把自己當作世界的中心，不過在教育過程中，貶低了教師作用，降低社會化功能，忽視社會和文化環境的決定作用，也讓他們進入社會後，常有社會適應性困難，也改變了人際關係與親子相處的方式。

麥：這樣說來，確實培養出新人種了，不能再用傳統的價值觀來看待他們了。他們對世界的觀察與理解，一定跟壯世代很不一樣，世代間的相處，應該會產生不少的摩擦。

壯世代的失落

我：從一件最小的網路溝通，就可以看到這種世代窘境。網紅薇姊是我的好友，她在臉書上大發牢騷，說她的年輕粉絲發文，常常惹得她搖頭，她PO文指正她的年輕臉友——

——看到手作美食，留言：「求作法！」人家分享食物，沒有義務一定要教給您作法吧？真想學做，動動手指，網路上多的是教學分享。你打三個字「求作法」，被求的人要打多少個字回你啊？就算真的想學，You should ask nicely！

——看到餐廳、景點，留言：「這是哪？」、「這是哪一家？」、「這在哪裡？」我勸您回家把小學時的「生活與倫理」拿出來再讀一次，連個「請」字都不會打，有人會想回你嗎？

——問了問題，打了一大堆字回覆了他，最後連個「謝謝」都沒有，這種也請重讀「生活與倫理」，恕封鎖，謝謝不要再聯絡。

——真心分享推薦好物，卻被問：「你們是有入股？還是有投資嗎？」等的交淺言深問題，您跟人家有多熟？您問這問題的重點到底是什麼？

我安慰她說，「這只是目前年輕人的習慣如此，並無刻意無禮，只能算是代溝。」她說，「看來這個社會的問題，可能比我想像的還要嚴重！」

麥：薇姊很有guts，軍人就需要這種氣魄。不過確實有點雞同鴨講，難怪你們不再寫祈禱文了！

我：其實這種案例，屢見不鮮。倒不是孰是孰非的問題，而是不同教育思想，培養出不同價值觀的問題！但對壯世代而言，他們目前仍然是國家、社會、企業、家庭的掌權者，舉凡徵人面試、考核升遷、男女角色、養兒育女、法律制度、公平正義，甚至到政治認同、環境生態議題等等，他仍然希望一切的行為規範，待人處事，做事方法都能符合他們的期待。這個世界目前仍然依循著壯世代的價值觀在運轉。

麥：但這對在人本教育模式下成長的下一代，完全悖逆他們從小到大的教育理念，一定感受到處處被否定被打壓的生存困境，也確實很辛苦。

新世代的挫折

我：這可能也是造成年輕人淪為躺平族的深層因素，躺平族的宣言：「既然不能有尊嚴的站著，又不願意跪著，我們選擇躺平！」因為壯世代的價值壓迫讓他們不能有尊嚴地站著，而人本教育給他們的自我認同，又讓他們不願意委屈求全地跪著，於是躺平成為他們面對現實環境的失望而做出的「與其跟隨社會期望堅持奮鬥，不如選擇無欲無求的處事態度。」

麥：壯世代原來希望孩子能做自己，追求自由，所以推動教育改革，怎麼適得其反，讓孩子失望躺平呢？

我：是啊！壯世代讓子女接受人本主義的教育培養，是希望他們追求幸福的人生，現在他們活出人本主義教育出來的樣子，壯世代主導的社會卻無法適應這樣的成果，說起來也相當矛盾！今天很多父母對孩子的行為表現有失落感，談起孩子總是欲言又止，部分的老師談起他的學生，也露出無可奈何的苦笑，而許多企業老闆談起他的年輕員工，也覺得缺乏忠誠度，重視權利更勝於責任與義務……，或許這是必要的過程，不同的教育理論培養出不同的世代行為之後，彼此都需要重新調適。

麥：二個世代存在相互對立，又相互依存。形成一種又愛又恨的情緒勒索狀態，確實要找出方法好好改善。

世代權力的豬羊變色

我：但進入二十一世紀，隨著網路數位工具的興起，情況又發生轉變。

麥：像打橋牌一樣，豬羊變色嗎？

我：年輕世代掌握了人類有史以來威力最大的溝通工具——網路平台，躍居為言論市場的主掌者，一般稱他們為N世代（Net Generation）或網路世代。台灣在二〇一四年太陽花學運之後，N世代更是公私機構極力拉攏的對象。網路世代手中握有可以充分質疑、挑戰及表達不同想法的工具，成為深具批判力的世代。加上在網路世界可以輕易地結合具同質性的人群，彼此於虛擬社群中的密切互動，讓他們在社群中形成一股巨大勢力，而更加有自信，甚至主動挑戰現行社會價值與結構。相較於壯世代在真實世界的傳統情境中，必須扮演各種角色；N世代在虛擬空間中，經過不斷的延伸，也建構了各種身分相互平行而共存的自我及生活。

麥：哇！比二次大戰還精彩！在現實世界中被壓抑的年輕世代，在虛擬世界中找到了武裝自己的利器。可以想像，二個世代的距離又更遠了，一個是真實世界的王，一個是虛擬世界的王，二個世代穿梭在真實與虛擬之間，誰進入誰的領土，都必須識相地矮半截，才能相安無事啊！

依我看來，未來世界，壯世代不可能再居主導地位，而是要扮演因勢利導的角色。對此，壯世代在親子關係中，你們如何期待？如何自處？如何協助下一代走上康莊大道？應該要了然情勢才對啊！

我：心理學大師榮格提出的「智慧老人」概念，或許值得壯世代學習。

麥：我認識他，智慧老人就是要洞察永恆的真理。一則以睿智追尋幸福，一則以慈悲協助下一代。你看了他的理論，有什麼體悟？

虛擬世界的智慧老人

我：第一個體悟，就是壯世代要成為虛擬世界的智慧老人。

數位是現代社會連結極為重要的工具，特別COVID-19疫情，更凸顯數位鴻溝的嚴重性。根據5678９年齡實驗室的調查，這幾年政策、福利及消費行為皆朝向數位化發展，對不少壯世代卻是有苦難言，從掃QR code實聯制、預約疫苗施打到綁定五倍券等，都是難以跨越的數位鴻溝，依使用困難的排行分別為「美食外送平台、疫苗預約平台、網路掛號、網路購物、網路視訊」。其中極其必要的疫苗預約與網路掛號分別有六十一．三%及五十九．九%的壯世代覺得使用有困難，疫情間維持生活所需的重要幫手美食外送平台使用率極低，僅不到三成的壯世代有使用過外送平台，且其中有超過六成的壯世代有使用困難。網路影音服務、社群軟體及通訊軟體是壯世代使用較頻繁的數位工具，但仍有超過三成的壯世代在使用上遇到困難。身邊有不少壯世代，原來都是社會菁英意見領袖，一旦退休以後，沒有辦公室年輕同事協助處理電腦檔案或數位通訊，一下子像掉入谷底，跟社會斷了音訊，變得耳不聰目不明，甚至像得了失語症，對大大小小事務，幾乎沒有置喙餘地。所以，壯世代退休前第一要務，就是學數位，學電腦，學智慧手機。

麥：這件事太重要了！就像在戰場上沒有最好的武器，那就直接投降算了！我看到近十年來大家有開始重視這個問題了，台灣的政府與民間機構在偏鄉設立數位中心，教導高齡民眾使用電腦，其中，據點最多的是教育部的「數位機會中心」（DOC），以及中華電信基金會的「數位好厝邊」，但是八成以上的壯世代好像都聽所未聽，這件事很重要，壯世代想要獨立自主，凡事不求人，拉近與世界或下一代的距離，必須善用數位科技，這是我給壯世代最重要的忠告。

現實世界的智慧老人

我：第二體悟，就是壯世代要成為現實世界的智慧老人：

一、把自己顧好，列為第一優先，不管身體或心理。

二、要有自己的第三人生計畫，不要糊塗過日。

三、不要把自己的希望全部寄託在子女身上，尊重各自獨立性。

四、自己賺的錢自己花，適度協助孩子就好，不要留太多遺產。

五、用合夥人的態度跟孩子相處，理性尊重，共同經營，互蒙其利。

六、做自己喜歡的事，不要過度以孩子為主，而犧牲自己的生活。

七、盡可能幫助或資助任何對你友善的人，包括孩子。

八、學習銀光經濟，透過消費，培養下一代的創業家。

九、自己的知識自己學，沒事，就去學校上課，學習新知。

十、自己的娛樂自己玩，練習一種藝術，樂器，繪畫，舞蹈，表演……。

麥：人類發展一日千里，未來世界超乎想像。看來二十一世紀已經進入玩的世紀，愈玩愈有前途。未來元宇宙世界，對壯世代而言，已經是科幻片的世界了！那是屬於下一代的，是我們從未有的經驗，也是N世代要面對的問題。因此，不要把壯世代的價值觀強加於下一代，而是要讓他們明白「自己的事自己扛」，而壯世代也不要再緬懷過去了，要「自己的鳥自己玩」、「一路玩到掛」，這是我給壯世代第二個忠告。

我：謝謝大師，面對未來世界，你還會說I will be back嗎？

麥：At first, we thought we knew everything, but then we found out that the truth was that we didn't know anything.（開始的時候，我們以為我們什麼都知道，到後來才發現，事實是我們什麼都不知道。）

PART 3

第二支箭

機會，企業社會責任

要創造一個「止於至善」的社會，企業扮演極為重要的角色，企業是最龐大的組織機器，提供人生需求絕大部分的產品及服務，而這些產品及服務也是撐起「止於至善」的壯世代美麗新世界之必要。

雖然超高齡社會來臨，但企業普遍還是認為老人不花錢，對投入高齡產業還是頗多猶豫。根據二〇一九年美國市場的數據顯示，全美企業對六十歲以上投放廣告的預算，竟然只占總體行銷費用的五％，而且八十九％高齡者認為企業對他們不友善，基本上是放棄這個市場，或者不知如何開發這個市場，台灣的狀況也差不多。問題出在哪裡？

問題出在產業對高齡市場的認知還不夠！

在壯世代這個面向高齡且具有消費力的市場，必須要有更深刻的洞察以及新的創意思維，來開啟壯世代的溝通，進而解放壯世代的消費力！對企業來說不僅是未來商機的新藍海；對消費者來說，更是開啟多元需求的滿足可能。當企業成為壯世代發展的領頭羊，身為壯世代消費者更該勇於打破框架，以消費力來改善壯世代的消費環境！

回顧一下前面的數據：從資產面來看，以台灣的個人財產登錄資料推估，在二〇一四年五十歲以上族群的財富占比加總約為六十六至六十八％，約掌握總體財富的三分之二；二〇一八年的台灣財政部房屋稅徵收概況統計則顯示，全國房屋持有人的年齡結構集中於四十五歲以上中高齡族群，占約八成，其中六十五歲以上持有近三成房屋。

從消費面來看，聯合信用卡中心二〇二一年八月的統計顯示，台灣六十歲以上族群單月刷卡金額近兩百七十億，且八十歲以上的平均單筆消費金額最高。從潛在客群的角度來看，工研院估計台灣銀髮產業市場規模將在二〇二五年達到三．六兆新台幣，而WHO也推估全球高齡商機將達到一千一百二十二兆新台幣。這些數據都真實顯示高齡市場是一片「新藍海」，等著「有識者」去挖掘。

本篇，我們將針對十個產業，提出洞察與創意解決方案，試圖與企業一起挖掘壯世代的商機、也試圖啟發壯世代消費者，展現自己的多元需求！在這裡，我們拋磚，大夥一起引玉！

壯世代大預測7

10個壯世代消費的創意洞察（上）

洞察1：打破孝親機的低價標籤！

3C科技業解放營收的關鍵

精打細算的心意：買3C產品給爸媽，夠用就好？

遊走在網路上各大3C論壇，常會看到網友以「孝親機推薦」的標題，作為網路討論的開文方向，其中主要討論：我要幫爸媽或長輩買手機，或是節日要送爸媽或長輩禮物，想要請其他網友幫忙推薦適合長輩、可以購買的手機產品，這樣的主題通常可以獲得許多的討論，為長輩添購3C產品，似乎成為一種「孝順長輩」的風潮。

而3C科技產業則隨著這波風潮，設計開發出「適合長輩」使用或購買的手機，這樣定位的產品，甚至成為了不少3C品牌的主力商品。

關於「孝親機」出現的歷史，早在智慧型手機時代之前就出現了，當時孝親機的特點是：按鍵大、聲音大、耐用、而且「平價」。

進入到智慧型手機時代，按鍵大的特點被螢幕大（但解析度不用太高）取代、耐用且「平價」，這個平價大多在一萬元新台幣以下，電信商甚至推出了孝親專案——門號搭配手機的零元方案。

長輩不計較，得到平價的回饋，但對另一半就不一樣了？

年輕人買給另一半（配偶或男女朋友）的3C科技產品，價格往往不是重點，重點就是要高端大氣上檔次，必須要讓另一半開心有面子，不然情人節可能難過；可是年輕人為長輩購買3C科技產品時，價格怎麼就成為考量重點呢？

這究竟是年輕人認知這樣打發長輩足矣（廉價的孝順？），還是覺得長輩不需要高端大氣上檔次的產品、抑或是壯世代對晚輩的厚愛不計較？

我們認為，以上皆是。

很遺憾的，目前3C科技產業仍把平價手機納入在孝親機的特點中，做產品開發與行銷推廣，這樣的標籤仍未翻轉。

用生理差異給了產品平價的理由，拖垮了3C產業毛利空間。

但回頭思考，被定位為孝親機的科技產品特色，按鍵大、螢幕大或許是反應了購買者（送禮的晚輩）對於長輩在生理上差異的一個貼心舉措，但似乎也反映了購買者對於長輩有老花眼、手指反應不夠靈敏、聽力不如年輕人的刻板印象；而在生理差異之外的需求，卻未被多數消費者考量到。

甚至我們可以直接說：將「平價」定位在孝親機的特色中，是一種對於壯世代的歧視、是一種以廉價化青年族群友善壯世代的錯誤引導！

我們都知道，唯有高價產品才能有高毛利的空間，平價產品往往只能用銷售數量來堆疊整體營業額，面對台灣有限的消費市場，以及手機汰用年限的不斷延長，在購買頻率無法提升的現況下，持續用平價甚至是低價的商品滿足使用者的需求，只會讓品牌的整體業績陷入困境。

壯世代購買蘋果產品的單筆消費額可是最高的！

《CNNMoney》報導引述了市場研究機構Slice Intelligence於二〇一四年的調查數據：在美國年齡大於六十五歲的男性消費者，消費金額為蘋果消費者當中最高的一個族群。雖然六十五歲以上的男性消費者占不到蘋果全部營業額的二十五％，但是平均每人消費金額都超過九百七十六美元。

深入探討，為何六十五歲的男性消費者，消費金額為蘋果消費者當中最多的族群呢？市場研究機構Slice Intelligence行銷主任明尼（Jaimee Minney）表示：由於老年人沒有買很多3C商品的經驗，因此對於他們來說，可能覺得買蘋果的產品就夠高端了。另一個原因，高齡者可能購買蘋果的產品，當作禮品送給親友，覺得有面子。

壯世代絕對值得3C科技產業投入更多心力創造價值！

無論原因為何，面向壯世代的，不該只有平價以及凸顯生理差異的選項，甚而，壯世代根本不需要年輕人或晚輩來幫忙添購3C產品，壯世代理當擁有更充裕的資源及更多的時間，去選擇、去享受3C科技產品。

只要品牌商願意投注更多心力與壯世代的溝通，在深入關切壯世代需求下，才能夠推出突破孝親機的訂價策略，創造更好的營收表現。

撕掉孝親機的平價定位，自然就能提升產品價值！

要擺脫3C科技產品的低毛利時代，就不該用平價產品來滿足高含金量的壯世代需求，要怎麼向上提升，我們提出了幾個創意方向，期待為3C科技產業與壯世代使用者找到更完美的交集：

一、3C科技產業在推動產品設計開發時，不應再侷限在壯世代使用者生理差異的刻板印象上，壯世代的心理需求更需要被關注。

二、3C科技產業在行銷策略上，不該只面向「年輕人幫長輩購買」的角度上，而應該直接聚焦對壯世代溝通，畢竟有非常多的數據證明，壯世代的消費能力與選擇智慧，是更甚於年輕族群的，而壯世代更知道自己要的是什麼。

三、承如前述及承上建議，3C科技產業不應再使用「孝親機」這個標籤來定位產品與從事產品行銷，撇開是否具歧視性定位不談，這樣的標籤，只是告訴年輕族群：我用更少的金額來滿足長輩的需求就好了，也因為年輕人用便宜的選項填補了壯世代的需求，阻礙了高端產品攻占壯世代市場的機會。

四、大膽的想像：品牌商應翻轉孝親機的低價印象，改推出面向壯世代的超高端3C產品——以頂尖規格與客製化軟體，用更完整貼心的功能、設計甚至是專屬客服，來全方位滿足壯世代的多元需求！

洞察2：自由自主，從移動不受限開始！

交通運輸產業的新契機

別找麻煩了！長輩開車容易發生車禍？

日本有部妻夫木聰演的小品系列電影「家族真命苦」，其中有一集的主軸是年長的爸爸常常開車出門溜達，回家後車子撞的到處都是傷，因此家人開始苦思如何說服爸爸交出駕照與鑰匙，不要再開車了。

這樣的故事主軸反應出日本近年來人民要求收回高齡駕駛權的聲浪，這樣的議題在台灣一樣的出現，交通部公路總局曾於二〇一四年至二〇一六年鼓勵七十歲以上長者主動繳回汽機車駕照，不過效果不顯著。而這樣的政策於二〇二〇年一月，通過監委提案，糾正行政院，監察院是針對交通部僅以滿七十五歲的入門銀髮族駕駛人，作為「銀髮族駕駛關懷方案」換照對象，要求行政院督促所屬檢討改進。現在，政府仍要求七十五歲以上的壯世代定期換照。

這樣從民間的質疑到政府的舉措，似乎都在訴說：為了大家安全，請壯世代不要開車！壯世代的駕駛權利被剝奪了難道交通安全就會更好嗎？甚而有之，在少子化的情況愈趨嚴峻，當壯世代不能駕駛也沒有買車意願了，整個車市是否就會逐漸萎縮了呢？

非也！高齡者不僅駕車肇事率低於平均，購車預算還是最高！

根據警政署在二〇二一年針對A1、A2（A1造成人員當場或二十四小時內死亡、A2類造成人員受傷或超過二十四小時死亡）事故統計，十八至二十九歲每十萬人高達兩千九百四十人，其次是三十至三十九歲每十萬人有一千七百六十三人，隨著年齡愈長，肇事率是逐漸降低，最低的肇事率為七十歲以上，每十萬僅一千一百一十四人，顯見過去我們認為年紀愈大開車愈容易車禍的現象，與事實並不相符！畢竟從整體事故率看來，六十歲以上的事故數僅占總事故數的一九％（而六十歲以上持有駕照的比例高達二十七．四％），換句話說，八〇％以上的事故數來自於六十歲以下！

另一個一手車訊調查白皮書——二〇二〇台灣新車品牌暨消費調查指出，年紀高的車主，購車的預算最高。

繼續誤解？剝奪壯世代的駕駛需求

對於壯世代的駕駛負面觀感，主要來自於新聞媒體的報導，除了酒駕之外，較會針對高齡者駕車肇事放大檢視，加上民眾普遍認為高齡者的反應力相較年輕人低，開車開得比較慢，因此產生了印象偏誤，而前述警政署的統計則是大大的打臉大家錯誤的印象！

很遺憾，國內的媒體或是政府部門，並未主動扭轉錯誤的印象，導致壯世代駕車被汙名化，進而讓壯世代被外界否定、被家人否定、被自己否定。

壯世代駕駛不是為了通勤，是為了拓展視野跟人際交流！

當民眾不斷被壯世代駕駛的肇事率的錯誤印象影響，並且對壯世代貼上標籤，最終就會造成壯世代放棄駕駛，也放棄購車，從銷售角度來看，買車的人口減少了，預算更高的潛在消費者也減少了，車市萎縮可以預見。

從交通部於二〇一九年做出的自用小客車使用狀況調查報告指出，高齡駕駛人使用汽車最主要用途以「休閒」占三十二・一%最多，「探視或接送親人、小孩」占二十七・八%次之，「通勤（學）」占一八・七%再次之。其中「休閒」比率較全體駕駛人高出一三・一%。

換言之，假如我們持續用輿論剝奪壯世代駕駛的權利或慾望，將大幅增加壯世代休閒、探視親友的障礙、降低對外接觸的意願，對壯世代來說身心靈都有著明顯負面的影響！

九十七歲開跑車，瑞典用樂見取代成見！

根據外媒《Carscoops》報導，有位名叫Lennart Ribring的瑞典人已經九十七歲，一九一九年出生的他，在一九三七年他十八歲那年拿到駕照，也就是說，他拿到駕照開車至今已經七十九年的資歷，是個已經退休的商人。Lennart Ribring說：「我的人生已經所剩無幾，所以我想好好把握機會享受駕駛的樂趣，這才真實。」因此他最近換了一輛 Ford Mustang V8野馬跑車，事實上在五十年前，也就是一九六〇年時，他就是第一位購買Ford野馬跑車的瑞典人。

他兒子Michael Ribring表示，即使已經九十七歲，爸爸的視力跟反應仍然相當良好，而且充滿著自信。開車七十九年的Lennart Ribring，也建議年輕駕駛在開車時要保持冷靜，在開車上路前，要先學好正確的開車觀念，必須隨時把行車安全放在心上。

這是一個多麼健康的家庭與社會環境！瑞典不是放大壯世代反應力不如年輕人的問題，而是聚焦在擁有近八十年開車經驗者的正確駕駛觀念！

不只要還給壯世代清白，更要利用科技賦能，給壯世代自由自在！

壯世代主張，當車商願意主動翻轉壯世代駕駛容易造成事故的印象時，就會更拉近與壯世代的距離並認同，翻轉的行為除了在媒體經營上導正觀念，更可以在實體通路時，以正向態度鼓勵壯世代持續駕駛（壯世代選擇購車的資訊來源主要來自於實體通路的體驗）。

甚至可以鼓勵壯世代購買或是選配具有高階主被動安全系統的車輛，透過科技的輔助，讓壯世代反應力不若年輕人的問題得到解決。

在交通工具以外的替代方案發展上，可從壯世代休閒及拜訪親友的需求出發，開發滿足壯世代消費者的移動新服務模式！

做大交通運輸產業的餅，關鍵在於做進壯世代的心裡。

針對前面的論述，我們連結壯世代的需求以及商品服務與技術發展，提出幾個創意方向，試圖提供交通運輸產業的從業人員一點啟發：

一、車商在壯世代購車時，針對選配更高階主被動安全系統時，提供更優惠的價格，增加成交的機會。

二、將壯世代需求與經驗優先作為產品設計的參考，當壯世代的需求都能夠被滿足，也代表了全年齡消費者對與交通工具的需求都能夠被確實滿足！

三、每個人都有買車的夢想（不是買代步車、而是買自己內心的夢幻車輛），放大夢想的實踐，更有助於擁有較高購車預算的壯世代成交！

四、從過去統計可以看得出來，壯世代駕駛目的以休閒旅遊、拜訪親友為主，應放大「與其要靠別人帶我出去、不如我自己出去」，來增加購買誘因！

五、設計訂閱制的共享駕駛、隨身管家等客制化移動類服務，滿足壯世代交通休閒、購買生活用品等移動需求！

洞察3：真正需求別被大眾化綁架！

觀光旅遊業界的盲點破除

還在一台遊覽車「上車睡覺，下車尿尿」嗎？

旅行的意義是什麼？每個人的答案與期待都不同，偶爾也會隨心改變。隨便走走、想念某道在地佳餚或土產，或是探索文化……，甚至，想成就全新的自己、體驗更壯闊的人生。

大大小小的旅行社似乎都有非常態性的「銀髮行程」，內容多為短小精美如「日月潭二日遊」之類的行程，包吃包住，還可以散步、買名產……，一應俱全。倒不是說這些內容不好，只是對身邊許多壯世代來說實在太無趣，去過幾個之後就膩了……，而當他們去報名一般行程時，卻總是被再三追問健康狀況，好似他們會造成業者麻煩。令我不解的是，相較年輕族群，壯世代更有時間與金錢上的餘裕，許多人甚至可以「說走就走」。然而，為壯世代規劃的旅遊，為何景象總是如此單一，一台遊覽車「上車睡覺，下車尿尿」……，難道，年輕族群才能享有更有意義、更有趣的行程嗎？

橫跨現在與未來的主力消費者，值得更多旅行的意義！

雖然這兩年旅遊業受到新冠疫情巨大的衝擊，但根據二〇二〇的《台灣旅遊狀況調查報告》，二〇二〇年單就六十五歲以上民眾從事國內旅遊的比率高達七十九．四%，二〇一九年更高達八十三．八%；同時，六十歲以上更占了近三年總體國內旅行的比例最高的族群，且「每人每次平均旅遊支出」也是以壯世代為最高。另一方面，在非假日出遊的年齡分布中，壯世代也是居冠的。無論在出遊的意願、時間、預算上壯世代都是更有餘裕且更懂享受的，那又為什麼壯世代休閒旅遊業者卻鮮少把銷售主力放在壯世代呢？

少子化與高壽化之下，五十歲以上的人口持續增加，嬰兒潮世代紛紛進入中高齡族群，壯世代整體比例將日漸龐大，人口結構大大翻轉。而事實上，二〇二〇年六十五歲以上「沒去旅遊的原因」中，「想去，沒有時間」的比率為二十六．九%，「想去，受新冠肺炎疫情」為一九．九%，而「想去，健康狀況不佳」

僅一六．九%。同時，根據長照二．〇計算，未來台灣約有一百萬人需要長照服務，但就比例來說，一百萬僅為壯世代的一小部分，連五分之一都不到，可以說「健康的壯世代」占了絕對多數。也可以進一步地說，產業界不只忽略了壯世代的消費力與心理需求，更完全錯估了壯世代的健康狀況。

可以想見，壯世代真正的旅遊消費力，還尚未完全展現。而休閒旅遊業所開發的產品與服務內容，甚至是經營方式若只想與年輕族群產生連結，將失去承接這股龐大消費能量的機會。同時，懂得利用網路資源「做功課省旅費」的年輕世代本來就較少使用旅行社的服務，而當年輕族群愈來愈少，相關產業也勢必陷入經營危機。

安全無虞的行程，乘載著厚重的年齡歧視？

當外界提到「銀髮族」、「樂齡」這個字，對他們的想像圍繞著行動緩慢、失能、貧窮等負面印象。這樣的印象隨之彰顯在旅遊產品與服務上，讓其充斥著不須耗費太多體力與腦力，且絕對安全無虞的「純遊玩小旅行」。

對於旅遊業者來說，壯世代的參與可能有極大的風險與負擔，有受傷風險的行程容易被排除。再來，壯世代也被相關業者認為是一群穩定的人種，對旅行沒有太多的要求，因此，其旅遊商品的想像趨於單一，也進而少了「旅行的意義」。自然地，在開發商品與服務方面，就將壯世代從簡處理。

二〇一六年，來自《經濟前瞻》的〈化危機為轉機：開發銀髮族旅遊商品〉一文提到，當時的相關旅遊產品，多為「溫泉、美食與自然生態」作為行程開發主軸，較缺乏變化。而今，相關產品依然變化不大，實在可惜。二〇一二年的《開南學報》期刊中〈銀髮族休閒旅遊動機之分析──以彰化市老人為例〉一文指出，此族群以「健康享樂」與「學習新知」為旅遊的最主要動機；與「拓展人際關係」、「心靈饗宴」等也都高度相關。如果能從這些動機中發展，相信有著極大的可能。

跨出陳舊的想像——日本旅遊品牌Club Tourism

日本是相關產業耕耘得相當早的地區，有「日本國內銀髮商務先驅」之稱的村田裕之所著的《超高齡社會的消費行為學》便提及了此市場的多樣性與複雜性。而日本知名旅遊企業Club Tourism光是針對壯世代所開發的企劃就高達超過三百種，會員數約七百萬人次，且以六十至七十歲為主，二〇一八所經手的顧客更高達七百七十六萬人次。

Club Tourism的行程多樣性與趣味性超乎想像，像是專攻鐵道迷的「鐵路憧憬之旅」、以「不計成本、能吃盡量吃」為號召的高級水果之旅、啤酒之旅等。極具創意的外表下，更加入了「旅行前後多元服務」以及「顧客參與機制」等等機制「留住壯世代的心」。Club Tourism會不定期舉辦講座，針對旅遊行程提供相關背景知識與建議，也會在行程結束後舉辦交流分享會，邀請壯世代團友一同品味旅程的點滴。另一方面，Club Tourism工作人員也會主動與顧客攀談，進而開發與優化產品拉近距離，並歡迎會員主動「提議」打造客製化行程，少少的人數即可開團，而且也會創立會員社群，培養熟客之餘也能讓壯世代交到同好、朋友。更有趣的是，在「顧客參與機制」中，讓會員在接受過導遊訓練後成為自家的導遊，因為他們相信「年紀相仿的人更能引起共鳴」。在這些策略下，Club Tourism建立強大的「口碑」也是業績長紅的關鍵！

日本進入超高齡社會的早，這個企業的策略與實踐，成功打造了專屬壯世代的旅遊服務，進而成為長青而標誌性的企業。每一天，人口結構都在逐漸往超高齡社會靠攏，若持續將人口比例愈來愈少的年輕族群作為主要受眾，無疑將承擔營收逐年下滑的代價！

掙脫迷思、實現客製化，無限商機就在不遠處！

一、「破除迷思」是企業可以最先思考的。不再被「體力不佳」、「需求單純」的刻板印象綁架，接觸壯世代真正的樣貌，才能破除過時的想像，找到更適合未來世界的路！

二、休閒旅遊業現行所開發的「銀髮族行程」，多圍繞在知名景點的小旅行，雖有安全無虞的優點，但內容易於預測且過於單純。如何持續滿足未來世界的壯世代，甚至「真正滿足壯世代」我們深感懷疑。因此，「精緻化」行程讓內容更加深入、有趣，甚至充滿意義，更能在現在的處境中建立差異化。另一方面，也能從壯世代重視的文化元素中進行研究、參考，並進行商品開發，諸如民歌、Disco等等，都是可以運用之元素！

三、透過「社群化」，建立連結強化口碑！了解壯世代只是第一步，留住壯世代才是挑戰！各方數據皆顯示，壯世代在旅遊消費上，「口碑」是重要的關鍵。未來旅行社在操作上，可以借鏡Club Tourism的顧客機制，將顧客變熟客，也引發更多新顧客進入！

四、從社群化進而真正接觸到第一手的壯世代之後，達到深入了解其需求的複雜性，並透過「客製化」讓壯世代自己決定自己的旅程，真正實現「為壯世代服務」的目標，也讓企業獲利提升，進而達到永續！

洞察4：溝通壯世代不會讓品牌老化，忽略壯世代才會讓品牌退化！

行銷創意的新藍海

品牌年輕化是顯學？

某天忙裡偷閒，在上班日的下午，造訪了某知名餐飲甜點品牌的門市，想吃吃甜點喝杯咖啡看點書，本以為上班日的下午可以在門市偷點寧靜的時光，沒想到這家甜點店滿滿的壯世代，有的是一群壯世代姊妹淘喝下午茶，有的是帶著孫子孫女一起來享受天倫之樂，孫子孫女指什麼買什麼，完全沒有在乎這甜點到底貴不貴，反觀隔壁桌的年輕媽媽，孩子哭鬧著要有印米老鼠的蛋糕，媽媽告訴他這個太貴了，下次再買。

因為出於好奇心，輾轉的透過品牌端得知，這個品牌的營業額，竟有近半是來自於壯世代的會員所貢獻的。再回頭檢視這個品牌給人的印象：代言人年輕有活力、又具有相當程度的潮流時尚感；推出的甜點商品又是年輕人會尖叫心花怒放的美妙氛圍；從呈現出來的行銷素材上，很清楚地知道這個品牌從品牌定位到產品行銷上，都是朝向年輕化的溝通。

其實壯世代消費者，買贏年輕人！

那我更納悶了，這個品牌長期花重金全方位的溝通年輕族群，為何在實際銷售表現上，年輕人的消費金額卻沒有壓倒性的贏過壯世代？究竟是行銷操作沒有奏效，抑或是年輕人本身的消費能力不如壯世代？

根據財團法人聯合信用卡處理中心之公開數據（以二〇二一年十二月數據為主）指出，五十歲以上的壯世代在服飾購買的單筆金額是五十歲以下消費者的一．七五倍；在百貨業的購買單筆金額是一．二三倍；在餐飲消費類更高達二．七倍！

這個明顯的差異，明顯的告訴我們，壯世代的消費力遠大於非壯世代族群，但又為什麼上至於品牌到行銷廣告創意人，大都把行銷重點聚焦在溝通學生、年輕族群、小資族群、新婚家庭呢？

壯世代愈來愈多，年輕人愈來愈少，你為何不把重心轉換？

當生育率大幅降低，少子化成為事實的當下，「年輕族群」的人口數將會愈來愈少，換言之，在可預見的未來，年輕族群將愈來愈成為「少數族群」。

若品牌仍持續投注大量行銷資源在溝通年輕族群上，行銷效益將會愈來愈低，品牌認同者將會愈來愈少，紅海競爭將會愈來愈激烈，這是所有品牌與行銷廣告創意人都不樂見的境界。

「活在當下」的行銷能力養成，反成為行銷策略布局的盲點！

為何我們明明都知道壯世代已成為消費主力，年輕族群人口不斷式微，卻還用盡行銷資源與其溝通呢？因為「活在當下」使然。

行銷廣告創意者從踏入職場開始，便以自身過去的經驗，熟稔的理解年輕世代，並針對年輕世代做出各種行銷亮眼的操作，但因為自己還沒踏入壯世代，所以對於未知的領域往往抗拒，因此，亮眼的行銷能力就不斷的侷限在年輕族群的溝通，對於壯世代的影響，充其量只是歪打正著的結果。

對品牌而言，往往會有一種「溝通壯世代會嚇走年輕人、進而讓品牌老化」的迷思，事實上，並沒有科學統計告訴我們這是一個事實，真正的癥結點是，行銷代理商無法提供品牌一個既溝通年輕族群又能滿足壯世代的行銷切角與手法，因此，品牌只能被行銷代理商牽著鼻子走，擇一溝通。

找到一個概念，不僅溝通壯世代，更可溝通全消費者！

這並不是說，台灣的行銷廣告創意人不會溝通壯世代，其實，有非常多亮眼的壯世代溝通案例在台灣發生，真正的問題是：台灣的行銷廣告創意人，習慣了分眾溝通，也侷限在行銷預算下，一樣的行銷任務，往往只會擇一族群溝通，不是溝通年輕人，就是溝通壯世代，這兩者在行銷分眾上，似乎老死不相往來，但事實上，有沒有溝通的機會點呢？

Nike在二〇一九年推出了一雙真正的「慢」跑鞋，這雙慢跑鞋本來只是想要為八十歲的創辦人菲爾．耐特（Phil Knight）開發的慢跑鞋（型號：CruzrOne），但他們並沒有直接將CruzrOne定位成一雙只能給高齡者使用的球鞋，而是轉從普遍性需求角度出發，將這一雙鞋溝通給「跑步很慢」的人所開發的產品，市場分眾上的重新定位也讓產品進一步擴大使用族群：從原本的高齡族、到初次接觸慢跑的、正在復健或是原本跑步就不快的人、甚至是本來不想跑那麼快的人，都能夠使用這個產品。

行銷創意人應該用壯世代族群，擴張品牌策略的可能性！

回歸到品牌的上位策略思考，不僅應該思考藍海市場的拓展性、更該把時間維度的考量納入重中之重的思維布局，除了現實的考量消費力更強的壯世代能夠有效帶動營業額，更應該在「目標族群只會長歲數不會減歲數」的觀點下，持續與消費族群做同步的成長。

品牌每年不斷花費心力溝通「新加入」的年輕族群，只會讓品牌持續原地打轉，因為你去年溝通的年輕族群，今年已經進入下一個行銷分眾，夸父追日、杯水車薪，當生育率不斷下滑的事實發生時，仍執著於溝通年輕族群的行銷作為，就是把餅做小、就是品牌退化的開始。

當行銷廣告創意人運用孫正義的時光機理論，提前踏入壯世代的溝通與關注，才能提供品牌更長期與長尾的行銷布局，溝通壯世代絕對不會讓品牌老化！

洞察壯世代消費並不難，願意就可以！

身為行銷廣告創意人，都知道鎖定對的目標族群，是最容易達成行銷任務的起點。所謂對的目標族群，核心不外乎是消費力強，從上述的調查可以顯示，壯世代就具備了消費力強的特質，如何直接導入行銷創意設計的思維，這裡提出幾個參考的方向，供行銷廣告創意人參考：

一、基礎行銷廣告創意人，應在品牌客戶提出導購需求及業績導向的任務上，充分納入具強大消費力的壯世代溝通，以獲得短期營業額成長的表現，怎麼溝通壯世代？拿出自己研究年輕族群的一切行銷工具，傾聽理解壯世代就行了。

二、中階行銷廣告創意人，更該在品牌行銷資源分配中，建議提撥相當程度的預算與資源，溝通壯世代族群，並將溝通成果不斷的滾動，找出品牌與壯世代的甜蜜機會點。

三、高階行銷廣告決策者，本於上位與前瞻思考的基礎，在品牌的長期性布局規劃下，透過持續性與壯世代溝通，不僅是在行銷操作上的溝通，在產品與服務開發時就該加入壯世代的需求，從根本面與壯世代共同成長。

四、打破年齡作為研究與傳播的限制：與其用傳統的年齡分眾溝通，不妨改從需求角度切入，將能有效擴大產品或服務的目標族群，創造更廣泛的銷售機會。

五、廣告行銷公司常使用的焦點團體、調查研究，應實質提高參與調查的壯世代比例，透過壯世代的深入訪談與研究，將能獲得更有價值與更全面的洞察結果。

洞察5：購屋主力壯世代，多元居住需求才會更活絡經濟！

不動產產業的活化關鍵

嘆～買了房子給孩子，換來的是獨守空闈！

網路上不時出現「某青年收入不高卻透過理財一圓成家買屋夢」的新聞，而這樣新聞下方的討論，網友多半質疑這些收入不高的青年之所以可以買屋，是因為有一個富爸爸先付了高額的房價頭期款，青年才能用有限的收入去償還貸款，這樣的論調已成為當網友看到他人一圓買屋夢時，療癒自己對於購屋無能為力的宣洩出口，背後也透露出年輕人的收入多半難以支撐購屋的夢想。

轉到另一個場景，某個長輩為結婚的子女買了新房住之後，自己跟老伴待在家裡，每天都會走進陪伴子女長大的房間打掃，即使一年只有過年時，子女才會在這間房間睡上一兩天。

這兩個故事彷彿透露出，能夠圓購屋夢、能夠投資不動產的，似乎都是壯世代；而獨守空居的壯世代，卻未被關注。

壯世代被動收入高於全民，但運用閒置空間的比例卻低！

從投資角度出發：根據財政部於二〇二一年二月發布的統計報告指出，依二〇一八年綜所稅統計專冊顯示，六十五歲以上高齡所得人二〇一八年總所得為四千五百七十六億元，其中以股利收入一千八百一十九億元居各收入之冠，平均每一位六十五歲以上銀髮族每年獲配股利十七．九萬元；薪資所得收入總共為一千一百四十二億元、平均每一位高齡就業者二〇一八年領取四十二．五萬元薪資；利息所得為九百二十億元、多為銀行存款利息，平均每一位高齡存款者在二〇一八年獲得六．六萬元利息；而六十五歲以上族群有二十．三萬人有租賃與權利金收入、總共為四百五十四億元，高齡包租公二〇一八年平均每人領取二十二．四萬元租金。這些統計也明白表示，壯世代的被動／投資收入是高於全體民眾的；但壯世代運用閒置空間獲利的比例卻不高。

房市多頭格局，怎只把壯世代丟去養生村？

台經院在二〇二一年十月認為，房市多頭格局穩。但壯世代至今仍往往被歸類在「養生村」、「樂齡宅」等傳統刻板印象那一頭，好像要推給壯世代的建案就是要離醫院近（醫院往往被認為嫌惡設施）、要親近大自然（往往是交通相對不便的地方）等等。

事實上，成為壯世代之後，真的只能勞師動眾的住進養生村嗎？明明多數壯世代有自己的不動產，何必要讓壯世代離開熟悉的環境去住養生村呢？又壯世代原本持有居住的房屋，在子女離家後，閒置空間大幅提升後，該如何填補空間與人際關係上的缺口做有效應用呢？

換身分換關係就要換空間，但搬家並非換空間的唯一選擇！

我們或許都習慣在面對身分轉變時，也轉變居住空間作為儀式性的行為，大學搬到宿舍住，出了社會搬到交通方便的地方住，結婚就該有自己個空間，有了孩子後就該換個大房子。

前述的身分轉變，確實可以創造出購屋或租屋的需求，進而刺激活絡不動產市場，但對已持有不動產的壯世代來說，固然住得起養生村，但又為何需要搬離原本熟悉的環境呢？或許這也說明了台灣養生村至今仍然是個曲高和寡的市場現況。

或許該針對壯世代換個角度溝通呢？

不住養生村，就等著被空巢的哀愁吞噬？

在台灣當前輿情氛圍上，為子女買房與投資房地產，似乎都是不能公開說的購屋原因，因為投資房地產會被歸類為炒房；為子女買房，子女覺得不光彩！因此，我們並沒有看到針對壯世代這兩個購屋原因，做出相對應的設計與溝通。親近大自然與隔壁就是醫院的養生村、樂齡宅，仍然是推給壯世代的主流物件，而當家庭關係改變時，閒置空間的應用也乏人問津。

據二〇二〇年，台北市立聯合醫院精神科醫師劉又銘指出：四十五至五十五歲父母的多半在面對子女離家後的「空巢期」因同時面對更年期，在身心靈的雙重影響下，更容易造成負面焦慮的情緒。

醫師也建議：除了空間擺設，也還有生活作息的意涵，留在巢裡的父母，不妨正面迎接空巢到來的改變。適時的調整家中環境，依照留在巢中的自己的需要，加以布置、調整、更改擺設，為自己家中帶來新的改變氣象，也可以減少一種「人去樓空」的印象感。

壯世代的居住需求，應要有更多元的新作法

面對壯世代的居住需求，如何在空間熟悉感的維持，以及空間與心靈上的空缺可以滿足或是活化應用，應該是相關產業更要關注的重點！與其讓壯世代搬去不熟悉的環境居住而產生強大抗拒力，不如協助壯世代在熟悉的環境下優化居住空間，如在推新建案時，優先溝通居住在附近的壯世代換購新屋，或是協助子女在原生家庭的附近購買新屋；釋放空巢的運用可能，將閒置的空間（子女的房間）

改造成適合自己生活需求的空間，這才是在空間上為壯世代身心靈有更正面幫助的作法！

除此之外，尚有幾個創意的想法，希望可以激發不動產從業先進更多想像：

一、增加壯世代為子女購屋的誘因：青年宅規劃長輩相鄰共居的空間，讓壯世代有理由可以為子女多付一點頭期款。

二、既有住宅軟實力提升：規劃納入更多友善壯世代的空間設計，如公共空間以坡道取代階梯、加強住宅軟實力：管家服務、學習課程、家庭醫學服務導入。

三、室內設計與住宅修繕裝潢服務的單位，應更聚焦如何優化壯世代原本居住空間的設計，以面向不同的需求，如將原本子女的房間重新設計成邀請三五好友喝茶聊天的交誼廳。

四、面對空巢族後的原有住宅，可協助壯世代將閒置的空間轉作為租賃或是民宿共享的模式（參考AirBnb），既讓閒置空間增加收益，又可讓壯世代增加更多人際互動的機會。

壯世代大預測8

10個壯世代消費的創意洞察（下）

洞察6：以人為本，把真正的幸福感帶給壯世代！

健康安養業界的新價值

養生＝不自由!?

陪朋友去探望奶奶所居住的養生村，這裡環境好且設施齊全，健身房、泳池等等應有盡有，也整合了許多醫療相關資源，並有大量的服務人員協助，一切都讓人非常安心，開銷雖然有點高，但基本上「看起來沒什麼問題」才對。不過，奶奶總是抱怨這裡的伙食，她喜歡吃些油炸的傳統甜點以及一些含糖飲料，在我看來偶爾吃一次垃圾食物應該無傷大雅，且奶奶也沒有什麼慢性病，不過在養生村提供的健康餐點中，似乎不容易見到……。

並不是說要鼓勵壯世代們只吃自己喜歡的，不過少了點自由的話，日子還真的挺沒意思的。壯世代打拚了這麼多年且大多依然健康，正是放開身心的時刻，這樣真的足夠滿足壯世代需求嗎？

台灣養生村住不滿!?幸福感不夠可能是主因

二〇一七年，智榮基金會龍吟研論進行「樂樂活大家講——未來長者生活大調查」，結果發現，五十歲以上壯世代中有接近三十五%認為最大的需求是「自己打理生活」。然而，現行國內的相關機構是否能真的讓壯世代盡可能的「自主」呢？這點我們打了很大的問號。

社會企業銀享全球共同創辦人楊寧茵在其著作《全球銀力世代》中提到，居家服務比機構服務更受歡迎。我們都知道華人文化中對於「家庭」的重視，這牽涉著「居住型態」的問題，也影響著安養與照顧相關的產業。事實上，台灣養生村產業，在九〇年代末慢慢起步，但許多家業者的房間一直在「住不滿」的狀態。知名的長庚養生村，開幕十二年才達到九成入住率。

在這些傳統文化的影響力正慢慢縮小之時，愈來愈多業者投資的養生村，能否更進一步滿足壯世代的需求，可能是關鍵。簡單一句話，如果我在這個地方不能過得比我在家舒服且快樂，那我何必呢？

為什麼要住進養生村？養生村是被視為等待報銷的「壞掉的家俱」、「過時的滯銷品」，暫存過度的儲藏室嗎？還是人生旅程的一段客棧或寄居？端看你怎麼看，你就會提供不同的服務內容。

被隨便定義的幸福，走不完高齡社會最後一哩路

《禮記》中有提到「……六十曰耆，指使。七十曰老，而傳。」從儒家的思想

中不難感受到「人到了稍大的年紀就該被好好服侍、供養、安頓好」的價值觀，這樣的思想大量的彰顯在許多地方。

「台北國際照顧科技應用展」逐年愈辦愈精彩，長照服務、照護科技、服務設計等六大面向主題展出，超過百家廠商參與，除了各式照顧器材與服務的升級外，許多新創產業也投入戰場，二〇二一年的展區足足超過前一年的兩倍。台灣各界面對超高齡社會，可以感受到強大的野心。然而，其主力還是放在傳統的照顧思維，習慣把壯世代保護地好好的，用更先進的醫療與大量人手來支持照顧，甚至把長照二．〇視為超高齡的唯一解方，這可能是養生村待解的課題。

保護與自由，該怎麼拿捏？同時，我們也發現一個問題，那就是「詮釋權」。到底要由業者自行詮釋並決定壯世代的需求與生活，還是讓壯世代來說出自己的心聲？

王永慶曾表示，養生村的規劃是要提供一個使年長者在身體活動、心智認知、生產力和生活滿意方面，都能享受健康樂趣的生活環境。愈來愈多業者對於養生村進行投資，打開幾家養生村的官方網站，其實規劃得清楚、精美、風景照片怡人，許多相關的服務，甚至是菜單清清楚楚……，但是什麼都被規劃的一清二楚的生活，真的能做到享受嗎？台灣對於高齡社會的努力有目共睹，我想，只要思維調整，最後這最艱難的「一哩路」，絕對是可以超越的！

把幸福感帶到養生村吧

「把生活的主導權還給高齡者，把醫療的順位排在生活後面！」來自荷蘭、由漢斯貝克（Hans Becker）創立的組織Humanitas以及組織所經營的終身公寓（Apartments for Life），提倡的是「做自己的主人」這樣的文化，沒有死硬的作息表，沒有傳統機構的過度保護，實現讓壯世代自己做決定。在健康方面，則以鼓勵而非強制的方式，讓壯世代自主運動，維持良好的機能！另外，組織也培養了說「是」的文化，盡可能滿足住民的各種需求，甚至發展出如記憶博物館、藝廊，甚至是小型動物園等等設施，據說，他們曾經將馬戲團帶進公寓中，讓住戶開心的不得了！

對漢斯貝克而言，他只是讓壯世代在創新居住環境中得到「快樂」而已，仔細一想，我努力大半輩子的財產，拿去看醫生還是拿去玩樂，哪個快樂呢？答案呼之欲出。據說，Humanitas在經過改造後轉虧為盈，盈餘高達五千四百萬歐元，是相當成功的業界案例。

把自由與幸福感帶進養生村吧！太過著重「照顧」的服務內容恐怕對於健康的壯世代來說有點不自由。我們認為，不如把這樣的文化與思維帶進產業，同時，在緊急安全設施充足的情況下，可以縮減過多的照顧人員，把自由帶給壯世代之餘，更可以省去人力成本，同時解決養生村保證金過高的小問題！

過度保護太過時！改變文化才有產業新可能！

一、改變文化從拿掉硬梆梆的時程表開始

相關機構幾乎都有對於住戶的作息時程表，幾點熄燈、吃飯都有一定程度的「規定」，然而這也成了一種「限制」，例如不在八點起床就可能沒有早餐吃。因此，業者可以嘗試拿掉死硬的時程表，畢竟不是每個人每天都想在特定時間起床或用餐，讓壯世代更隨心的生活。

二、養生村「居家化」

前述提到，台灣的安養與照顧相關的產業，有因文化而帶來的先天困境，居住型態的問題本身較難突破，然而，讓養生村更像「家」，則是可以努力的方向。除了前面的拿掉時程表，業者可以透過「居家的感受」發想服務的調整方向，極大化舒適、自在、安全等感受。同時，也可以試著減少過多的照顧者人力，不排除能讓住戶更自在，還能省去大量的人事開銷，轉而用在設施、活動等等其他地方。

三、強化對需求的洞察

壯世代的需求複雜多變，正確來說沒有人的需求是穩定而能被完全掌握的。工作人員應把心力從醫療與照顧，轉向「溝通」與「接觸」，真正去認識一個又一個的「個體」，成為幸福生活的協助者，而非僅僅是「照顧者」！除了更細緻的洞察與多元文化的視野，更有賴於業者對壯世代的思維轉換，不只設身處地，還要「以人為本」！

四、服務據點大串聯，融入旅遊之概念！

根據一些報導，我們發現有些壯世代是帶著類似放假的心態入住養生村，因此設施與地點就格外重要！我們認為，業者可以在不同的景區附近設立養生村據點，並發展「自由換」的服務方案，例如原本住在溫泉區據點的住戶，可依需求更換到森林區據點。或是與其他業者合作此方案，重點在於把旅遊的新鮮感融入服務中，增加產業的可能性！

洞察7：搞定壯世代的客戶服務，營業額就能脫胎換骨！

通路平台業的投資機會點

子女嫌父母麻煩，客服揪甘心？

二〇一五年，中華電信在母親節時，與網路插畫家掰掰啾啾推出了一支影片，劇情是主角的媽媽打電話問兒子手機不能上網該怎麼辦？結果兒子用「我要上班，你自己打去客服問吧！」的態度急急忙忙掛了電話，電話掛了沒多久，擔任客服工作的兒子竟接到媽媽打客服進線，詢問手機無法上網該怎麼辦，兒子本於工作很耐心地排除了媽媽的困難，媽媽在不知情的情況下，告訴這個客服人員（他的兒子），兒子工作很忙，沒有空幫她，該支影片引發了大量的迴響，迄今已超過兩百三十五萬的觀看次、超過十二萬人按讚。

影片觸動消費者的關鍵在於：我們長期忽略了壯世代在消費或使用時最基礎的需求與問題，影片發布至今過了七年，子女們是否對於爸媽的需求與問題，可以有耐心地提出協助，我們並不知道，甚至我們連自己父母每天有多少需求與問題是透過客服或門市人員協助的，我們都不敢問。

危機改變壯世代的消費習慣，但危機之後，是否又回復從前？

在疫情期間的消費轉變下，根據樂齡網二〇二一年度上半年的訂單資料統計顯示，七十五歲以上的族群，網購的筆數相較去年下半年大幅成長了二一四%，是所有年齡層中成長率最高的一個族群。同時momo購物網的統計也發現，其二〇二一上半年度的會員成長幅度以六十歲以上最為顯著，年增突破三〇%。

有趣的是，根據年齡實驗室與壯世代教科文協會合作進行的民調數據發現，二〇二一年疫情期間，在使用「網路購物」上，壯世代比對年輕族群的使用差距高達五十一．五%，有超過一半的壯世代「有使用困難」。

上述的數據告訴我們，壯世代不是不願意消費，在疫情轉變下，不得不嘗試網路通路購物的意願明顯攀升，但如果網路通路購物在面向壯世代的客服與教學的系統無法跟上，當疫情趨緩後，這一批已經踏入網路購物領域的壯世代，將回歸到傳統通路消費了，過去的紅利將如曇花一現。

對實體通路來說，當面向壯世代的客服與購物諮詢的投入不足時，那壯世代的消費動能亦將大幅流失，無論是出走到具有健全客服系統的網路購物，抑或是轉換到其他客服系統比較優異的實體通路上。

信任帶來新商機！壯世代信得過誰就跟誰買！

誰沒年輕過？相較於年輕世代在購物上更勇於嘗試，人生閱歷豐富的壯世代，肯定也曾經年輕、也經歷過勇於嘗試的消費行為，但在不斷累積消費經驗後，壯世代逐漸轉向在乎的是情感面上的連結，當情感面連結穩固後，信任感就會成為消費最佳的催化劑，而當信任感建立後，壯世代的通路黏著度亦將更高。

根據二〇一五年行政院消保處的研究指出，目前五十五歲以上受訪者在獲知購買商品的訊息管道以菜市場（四十二．三％）為主，其次為百貨公司（賣場）型錄／廣告DM（四十一．四％）、電視（二十五．四％）、親友推薦（一八．五％）等。證實了這個推論！

所以我們常可以看到，那些業績表現相對優秀的門市人員，往往都具有更有耐心與壯世代互動的特質。

誰說行動支付只有年輕人用？全聯讓你知道壯世代的動能！

根據資策會公布的二〇一九年下半年行動支付消費者調查中指出，全聯於二〇一九年五月推出的行動支付PX Pay，在一年內超越了Apple Pay，晉升為全台使用率第三名，僅次Line Pay和街口支付。

報導中，訪問了全聯福利中心行銷部協理兼發言人劉鴻徵，他表示：全聯在推行PX Pay的過程中，嘗試與別人不同的操作方法。一開始，全聯也將目標鎖定在普遍認為較常使用行動支付的年輕族群。因此，全聯嘗試投放數位廣告，試圖觸及更多年輕客群，但最後發現年輕族群在消費頻次與金額上，很難超越原本四十至六十歲的主要客群。內部因而將目標轉換到其他業者不認為是行動支付使用客層的中高齡消費族群。

當時全聯與公關公司思索著如何讓中高齡族群也會用行動支付，有策略分析師提到，家中長輩會使用Apple Pay，其實是全聯店員教的，因為長輩不好意思向子女詢問。這個例子給了劉鴻徵靈感：將多數數位廣告停掉，並將預算移轉給門市人員作為激勵獎金，只要門市人員在結帳時協助客人下載PX Pay，就可獲得獎金，不少門市甚至在櫃台設專人教學。

從結果看來，這樣的策略轉換顯然奏效！不只有效打入了行動支付的藍海市場，更實質幫助了壯世代在數位落差的彌平！

優化通路平台客服，是獲取壯世代信任的不二法門！

全聯福利中心在推廣PX Pay的作法，無疑是一個激勵人心的成功典範！更告訴大家，通路投資在壯世代身上，是極其正確的方向！

回到前述的二〇一五年行政院消保處的研究，撇除刻板印象，菜市場為何成為壯世代主要消費資訊來源，無非是因為菜市場老闆對於壯世代有更深的信任感，或許菜市場老闆不是那麼有耐心，但肯定與壯世代有最深厚的感情連結，而這樣的情感連結，就是客戶服務的基礎，也是通路平台最該去效仿的溝通模式。

以下，我們從客戶服務延伸出幾個想法，為通路平台從業人員在客戶服務優化上找到值得信賴的機會點：

一、電商平台應提撥相當的預算優化擴充壯世代的客服管道，甚至引進壯世代合作與調查，共同找出消費者在網路通路消費的痛點與期待，降低壯世代對於數位載具應用的門檻。

二、實體通路應設置壯世代專屬的客服管道、購物諮詢等，不僅可以從過去溝通壯世代表現卓越的業務、專櫃人員經驗中提取經驗，更可以直接提供工作機會給壯世代，由壯世代溝通壯世代，將會獲得一加一大於二的效果。

三、無論是何種通路平台，都應讓壯世代習慣並樂於進入門市或平台，試想，若有一個電器門市，固定設置壯世代3C疑難諮詢人員，當壯世代有任何問題時，自然都會進店詢問，久而久之，這個門市將成為壯世代信任的空間，成為壯世代最大家電市場就是指日可待的榮景，這樣的場景令人期待，揪甘心捏！

洞察8：壯世代引領時尚更多元！

流行服飾業的多元可能

過度臆測需求，恐導致壯世代沒衣服穿？

網路上大大小小的論壇，時常出現諸如「要去哪裡幫老人買衣服」的討論話題，甚至也有人對於「為何幫媽媽買衣服媽媽卻不喜歡」而感到疑惑。網路鄉民時常會針對「尺碼」、「材質」、「價格」、「款式合不合年齡」等因素給予建議。然而，有趣的是，這些「被年輕世代所臆測出來的壯世代的需求」似乎常常互相矛盾。

有人認為年紀到了對打扮已不注重所以便宜重要；有人認為因應長輩的身體狀況所以材質重要；有人認為長輩喜歡穿暗色系；有人甚至認為「老人不喜歡顯得自己太年輕」；也有人認為長輩不喜歡顯老……。

大大小小的猜測，我們相信絕對都是年輕世代對長輩們的關心，同時也不禁浮現了兩個問題：

一、壯世代難道不能自己去一般的流行服飾店購衣嗎？

二、壯世代喜歡什麼難道這麼輕易就能了解，大家都用猜的嗎？

年收達三十億卻還有很大的成長空間？

近年幾度被網友熱議的本土流行服飾品牌「伊蕾名店」，看似「冷清到不行」的連鎖服飾店背後面，暗藏著超過百家的分店以及最高年營業額達三十億的銷售實力。以「熟女」為主要客群的服飾，且被網友揭露顧客「刷卡都是兩三萬」的消費習慣，引發許多討論。當然這樣的營業額，相比以年輕世代為主要客群的UNIQLO或NET等流行服飾品牌還有差距。另外，凱度洞察於二〇一九年與Kantar Profiles Division透過LifePoints平台合作，針對台灣地區十五歲以上網路使用者，執行「台灣民眾服飾購買習慣研究」之調查，發現台灣消費者每年平均購買十一件服飾，十五到十九歲平均為十四件、二十到二十九歲與三十到三十九歲平均為十二件、四十到四十九歲為十一件、五十到五十九歲及六十歲以上僅八件。

壯世代教科文協會提倡，年輕人要重實用，壯世代要重時尚。「壯世代能否成為流行服飾的代言人，甚至引領時尚並帶來產值呢？」這是本文關心的問題。然而，從上面數據看來，壯世代雖然暫時還不是台灣流行服飾上的重點客群（事實上目前即使是高單價時尚精品也依然是年輕族群為主要客群），但是我們也不難看到：壯世代穿著流行服飾的需求是存在的。

而如同前面幾個章節所說，更有「逛街的閒情逸致」與金錢上的餘裕且人數愈來愈多的壯世代，能否成為主力消費者，甚至成為帶來新的趨勢、引發產業的新可能呢？我們認為很有機會！

壯世代對於流行服飾的需求很可能超過我們的想像，有很大的可能是一塊極具潛力的市場。但是，在流行服飾產業界幾乎很少正視過此部分的情況下，幾乎沒有機會估量壯世代能為流行服飾產業帶來多大的效益。未來的長壽與高齡化趨勢，消費主力逐漸轉移之時，產業界很容易就錯失獲利機會！媒體《商業內幕》更曾評論，時尚圈真正的問題，是根本只經營年輕人、沒真的投注資源去經營、理解銀髮族，若該產業持續忽略年齡歧視的問題，只會一併丟失這塊價值上百億美元的大餅。

流行服飾的遺毒，怕老觀念讓產業停滯不前!?

以記錄「銀髮風尚」聞名世界的部落格「Advanced Style銀髮風尚」之創辦人Ari Seth Cohen曾在訪談中表示，「時裝和美容品牌，多年來都忽視年長的顧客。他們只是利用年齡歧視和人們害怕變老的恐懼來推銷產品，從未試圖接觸和了解這群消費者。」

年齡歧視充斥在許多產業已經不是新鮮事，而「怕老」就是問題的根本。相關宣傳標語中的「逆齡」、「更年輕」等字眼的使用與強調，其實便透露這個根本的問題，呼應了Cohen的說法，流行時尚相關產業也進而在運作上主打年輕的價值觀與市場。

二〇一九年，台灣一份研究論文《樂齡時尚商機探索》直說：「環視時尚業無論是實體店或是電商平台，對樂齡時尚著墨很少。僅有少數品牌針對銀髮族推出長照系列商品或是樸素簡單沒有設計感的服裝，更遑論版型不佳，毫無時尚感可言。」

從許多在網路論壇上隨處可見，對於壯世代服飾需求的想像，著墨在「尺碼」、「材質」、「價格」等因素，這些多半偏向功能性的。而我們實際觀察服飾電商的網站，發現以「樂齡衣物」相關字眼所分類的產品內，幾乎是強調功能性的產品，或是有品項過於單一的問題。

打造迷人的風格其實無關年齡——美國CHICO'S與《Over60街頭速寫》

美國成衣女裝品牌CHICO'S，可以說是美國成熟女性市場最知名的品牌。他們找來五十歲以上的模特兒，呈現出活躍且迷人的生活樣態，同時也自有一套尺碼系統，照顧到各種身材，打開他們的網站，便能感受到其氛圍。CHICO'S在全球有超過五百個服務據點，二〇一八年的營業額高達二十一億美金，可說是非常經典的案例。另外，巴西的品牌Distinctively Me、英國的Esteem等等，也在壯世代流行服飾上做了許多努力在近年獲得許多關注。

另外，二〇一六年，在日本出版的《Over60街頭速寫》，內容為拍攝壯世代素人穿搭照的攝影寫真集，開出了五萬五千本的銷售量，打敗了許多偶像明星。同時，現年超過一百歲的美國網紅艾瑞絲・愛普菲爾（Iris Apfel）、近七十歲的林恩・斯萊特（Lyn Slater），抑或是台灣知名的林經甫、薇姐張郎等人，長期於社群上分享自己的穿搭，也廣獲關注，受到許多年齡層喜愛！

透過以上故事，我們發現產業可以關注的兩個面向，首先，台灣壯世代對於流行服飾的需求很可能長期沒有被滿足，這回應了本文前面的兩大問題。再來，以壯世代為中心的「流行時尚」也許是能透過操作，一舉成功的！

另外，根據二〇一四年《現代物流：物流技術與戰略》期刊中的〈台灣流行時尚產業供應鏈及物流發展現況〉一文，狹義的流行時尚產業主要是指服裝、飾品、化妝品、皮具、皮鞋、紡織品等等。而台灣工研院產業經濟與趨勢研究中心所定義的流行時尚產業，則是以從事以服裝或配套產品與服務為核心，涵蓋配套產品與服務、資訊傳遞、流通。也就是說，除了服飾產品外也包含了廣告、出版、模特兒經濟、行銷等等。

因此，產業不只要針對產品本身的調整，行銷、通路等各面向也需要重視！最後，本文雖然是以「流行服飾」之相關案例切入，但整個時尚產業範圍很大，希望本文也能給予其他時尚領域做參考。

流行市場有無限可能，打破成規可望有更大商機！

一、讓壯世代成為品牌的模特兒吧！

ILC的研究人員狄米特雅迪斯（Sophia Dimitriadis）曾說，「尤其在時尚圈，年紀大的女生在廣告中看到年輕妹妹時，會覺得被排擠。」然而，從前述的國外案例來看，我們發現，壯世代的穿搭照片，反而吸引了許多年輕人關注。這也許進一步透露著「主打壯世代的流行時尚並不會錯失年輕市場」的說法。然而，我們也認為品牌所呈現出的壯世代，應該以全新且多元的面貌與質感，而非前述那種的單一風格！這個方案不只是服飾業可以嘗試，舉凡化妝品、皮具等流行時尚產業的其他項目也可以嘗試！

二、宣傳渠道的調整

根據二〇一六年行政院的《高齡者消費意識、行為及需求調查》可以看到，五十五歲以上壯世代得知訊息的管道，其實是以菜市場、廣告DM與賣場型錄以及電視為最高。事實上，前述的「伊蕾名店」會製作商品目錄並免費提供，據說非常受到顧客歡迎！因此，宣傳自家品牌的管道應該在預算分配上走向更多樣化且更符合壯世代之習慣，而非過於集中於社群軟體！

三、壯世代引領的流行文化？

壯世代的穿搭吸引了許多年輕人關注，那能否引領一波風潮呢？我們認為很有可能！相關產業可以嘗試打造壯世代的服飾走秀，創造話題與聲量，展現不同以往由年輕人引領流行的現況，打造全新可能。這麼做並非只是要創造聲量，而是期待各界能翻轉對於流行服飾的眼光，引爆一整條產業鍊的改變，讓壯世代成為真正的顧客。

洞察9：打造壯世代與電影產業的正循環！

影視文化產業的新出路

老人不願意自己去電影院？

二〇一四年知名論壇批踢踢上一篇「為什麼很少看到老年人去看電影？」引發討論。發文者認為，其實老年人是喜歡看電影的，「可是不知道是從什麼時候開始的不成文規定，會讓年紀大些的人錯以為電影院那種地方不太適合去」。對於此現象，下方網友有人表示同意，也有人提出此現象可能與時段、電影題材、是否有人陪伴同行等等因素有關。

另外，知名作家劉凱西於二〇一一年時，在部落格以一篇〈中老年人可不可以看電影？〉分享關於自身母親看電影的故事。她表示，除了《鑑真大和尚》之外，母親多半不會「自己去電影院」，但是，當她約母親一同前往時，母親是願意的。

我們時常可以看到以壯世代為主要客群的八點檔屢創收視紀錄，以壯世代為主力消費者的民歌演場會銷售一空，然而為何電影產業卻尚未有如此景象呢？

八點檔收視屢創紀錄，電影卻不行？

《二〇一八影視廣播產業趨勢研究調查報告》發現，在觀看電視方面，「只看傳統電視」者有超過半數為五十歲以上壯世代；而根據《今周刊》採訪報導，主要以壯世代為主要收視群的民視無線台所製播的黃金八點檔，長期穩坐台灣收視率冠軍，而民視於二〇〇九年開始搭配節目打造自有品牌「娘家」，其商品於二〇一四年開始達到每年一至兩億的年營收；二〇一九年更達到五至六億。

民視的黃金八點檔至今一檔又一檔地持續製播，屢次都在劇情走向高潮時，創造極高收視率並引發媒體討論。在此案例中，幾乎可以看見電視產業與壯世代之間，達到了良好的循環。

然而《二〇一七影視廣播產業趨勢研究調查報告》卻指出，五十歲以上壯世代至電影院觀看首輪或二輪電影僅二十四．七十八％。為什麼電視產業可以做到，電影卻不行呢？相較於白天多數需要上課或上班的年輕族群，壯世代在時間與經濟上應該更有看電影的餘力，為什麼他們依然少進戲院呢？

而從前面的故事中，能感受到壯世代對於影視作品有需求。然而如同前面章節不斷強調的，在長壽化與高齡化的趨勢下，未來年輕世代人口將會愈來愈少，如果只能繼續滿足年輕族群，未來能吸收到的客群將會縮小，產業很可能將停滯不前。然而，電影發行商協會的首席執行官馬克．巴堤（Mark Batey）曾表示，現在愈來愈多的電影具備同時吸引不同世代觀眾的潛力。可以說，打壯世代市場也很可能繼續保有年輕市場！如果產業無法跟進將是極大損失！

二〇二二年五月在台北上映的電影《捍衛戰士：獨行俠》，是湯姆克魯斯最經典代表作之續集。續集上映一週即創下全球票房冠軍，開出二．四八億美元（約七十二億元台幣）票房，是阿湯哥從影以來最佳開票的數字。而最近電影市場吹懷舊風，翻拍多部經典劇作，或是另外製作延伸片，例如《蝙蝠俠》、超賣座驚悚片續集《驚聲尖叫》、《德州電鋸殺人狂》，以及玩具總動員的外傳《巴斯光年》等，成為影視熱潮，都讓我們看到壯世代影視無限的發展潛力。

影視產業鏈充斥迷思與偏見？

從前面的故事與相關數據來看，壯世代較少進入進電影院的原因可能包含戲院的設計、壯世代本身對自己的桎梏等等。而前述的劉凱西也在其文章中表示，整個電影產業從上到下所設定的組群主要就是十八至三十五歲的未婚人士。可以說，針對「壯世代為何較少進戲院」的成因，是一整個產業鏈的問題。

雖然，進不進戲院這件事牽涉著許多因素，但我們也能看到一個關鍵之處，便是「誘因不足」，畢竟如果真的有想看的電影，壯世代依然會自動地進入戲院。因此，我們認為這條產業鏈，其實在最初的電影創作與製作上，就已經偏離了壯世代的需求！

我們嘗試利用Google做關鍵字搜尋，試圖找出這些年受到中高齡歡迎的電影作品。很遺憾地得到的結果全是「年輕族群對壯世代的想像」，以他們的角度詮釋壯世代可能喜歡看的電影類型。這樣的結果，我們認為，勢必充滿著迷思與偏見，也是導致產業沒有去開發，也沒有實際開發出屬於壯世代的電影！

你的劇本，將是問題的根本！

一篇二〇一二年的文章〈年長者救了電影院？〉（How older viewers are rescuing cinema）指出，歐美相關產業自二〇〇〇年後，發現年輕族群票房嚴重流失，而嬰兒潮一代也投奔了電視。直到二〇一〇年後，才意識到高齡的商機，也意識到過去的作品及宣傳等等都是專注在年輕族群，並進而開始嘗試針對壯世代族群進行觀察。藉由觀察，英國電影學院的亞歷克斯．史托茲（Alex Stolz）認為高齡者較偏好更豐富、更深入、更發人深省的電影，也提升了英國獨立電影的收入與產出。

這絕非一朝一夕能夠翻轉，畢竟從「得知」到「行動」牽涉到大量的變項，也就是說，從作品、宣傳、服務、通路等等，都是影響壯世代是否買票觀影的變因。但是產業可以從一些相關數據與調查開始嘗試，並慢慢打造出適合台灣壯世代的劇本！

改變文化場景，不妨先從數據下手！

一、創作與拍攝「壯世代有興趣」的電影，從類型選擇上先下手

根據《二〇一七影視廣播產業趨勢研究調查報告》可得知當時各年齡層偏好的國片類型。有趣的是，五十歲以上相較其他年齡層較為偏好「親情／家庭」、反而「史詩／歷史」類是〇％。有趣的是，根據CAA Film Monitor二〇一五年的資料，二〇一四年最受英國五十五歲以上壯世代歡迎之電影的前三名中，皆是傳記／歷史類型的片，顯示出台灣與歐美國家的差異，也透露了台灣相關產業需要花更多時間透析台灣壯世代對於電影的偏好，才能依需求進一步創作與製作！

二、宣傳行銷思維需調整

既然現狀五十五歲以上壯世代得知訊息的管道，其實是以菜市場、廣告DM與

賣場型錄以及電視為最高。現行的電影宣傳可以思考以壯世代獲得商品訊息的主要管道進行滲透，可能是電影宣傳上的方向！當然隨著市場蓬勃發展，宣傳管道也要隨時調整。

三、借鏡電視置入的成功案例，運用至電影

前述我們提到，在電視產業的操作中，民視的黃金八點檔搭配自有品牌可以年年創造佳績。電影產業不排除也能藉由置入的手法，強化廣告收益甚至是成為品牌帶起其他商品的銷售增長，這是很有可能在電影產業發生的！

洞察10：企業使命，面向壯世代才完整！

大型企業ESG解盲

ESG是改變環境的浪潮，企業關注環境卻忘了人也是環境的一環！

在聯合國以及歐盟的呼籲與實質要求下，企業在追求CSR之後，開始主動或被動地朝向ESG以及SDGs投入，所謂的ESG是聯合國於二〇〇四年提出的概念，被視為評估企業經營的指標。分別是環境保護（Environment）、社會責任（Social）和公司治理（Governance）。

環境保護包含了：溫室氣體、汙水管理、生物多樣性等環境汙染防治與控制；社會責任涵蓋了：客戶福利、勞工關係、多樣化與共融、利害關係人等面向；公司治理則聚焦：商業倫理、競爭關係、供應鏈管理等與公司穩定度及品牌聲譽相關。

可是我們發現了近幾年來，政府、媒體乃至於企業，大多聚焦在「環境保護」的範疇中做努力，多數企業投入了更多的費用去採購綠電、添購更多設備去改善汙染排放與管制，彷彿ＥＳＧ的關注焦點，只聚焦在環境保護？

而壯世代的角色，長期以來似乎是被忽略排除在ＥＳＧ範疇之外的，可是我們回頭思考，壯世代角色在ＥＳＧ分類下涉及極廣，包含社會責任中的勞工關係、消費者關係、服務生產關係，多樣與共榮；公司治理中的公司穩定度、品牌聲譽等，影響層面之廣，為何卻被忽略？

被ＥＳＧ指標綑綁，將造成企業忽略解決問題的解方！

ＥＳＧ中關於環境永續的部分，在長期耕耘下，已經建構出完整的體系與方法論，產出的結果亦有可量化外顯的指標，但目前國內對於壯世代關注的部分，卻未有完整的體系與方法論足以快速應用，對要發展ＥＳＧ的企業來說，自然會擇「善」固執。

企業缺才，壯世代也有意願工作，但壯世代勞工參與率卻低於日韓？

根據1111人力銀行的資料對比近五年（二〇六年至二一一〇年）來的資料顯示，

四十五歲以上的會員人數明顯增加，一〇六年一月至九月份的投履歷數為七萬三千七百六十八筆、一一〇年一月至九月份則是八萬八千八百五十七筆，近五年的成長幅度為二〇．四十五%，可見現代人求職的年紀也正在逐漸增加中，顯見壯世代參與就業的意願並未下滑。

而台北市長柯文哲於二〇二一年十一月表示，台北市六十五歲以上人口，從他剛上任的一四%，現在已超過二〇%，已經從金字塔變成葫蘆型。但相較於日韓長者的勞動參與率三〇%，台灣卻僅有八%，若長者勞參率太低，一定會出現勞動力不足，經濟一定會掉下來。

為何壯世代本身的求職意願並未明顯下滑，但壯世代的勞動參與率卻不到日韓的三分之一？問題或許出在企業並未提供足夠的就業機會以及友善壯世代的工作環境所致！Yes123調查：有高達八成四的銀髮族在求職時曾遇過年齡歧視，甚至也有人被質疑學習能力跟不上等狀況。就是最好的證明。

壯世代是企業永續經營中重要的拼圖！

當人口結構出現不可逆的改變，政府的財政、勞退基金甚至是國家經濟將出現極大的危機，如同柯文哲市長所述：目前平均壽命男性七十九、女性八十四歲，若長者不進入就業市場，六十五歲以後的十九年天天去公園散步、跳土風舞，這也不是辦法，「要國家養十九年也不太可能，所以要提高銀髮勞動，這也涉及國家的GDP成長」。

對企業而言更是如此，當傳統認定的勞動力人口持續下滑，未採取因應措施，企業動能將會萎縮，在ESG面向中的勞工關係、多樣化與共融、公司穩定度等檢核要素勢必會受到衝擊，當企業動能萎縮時，我們將離「永續經營」愈來愈遠。

壯世代納入永續發展，不該只做政策響應！更該深入企業的每個改變！

目前國內政府積極地透過法律，採取給予企業棒子與胡蘿蔔的雙管齊下，棒子是指就業服務法中對於年齡歧視的部分應受到制裁；胡蘿蔔則是透過中高齡者及高齡者就業促進法修法鼓勵雇主留用將屆退的員工，若雇主留用屆退的員工，或是讓六十四歲的退休勞工再就業，則雇主可向勞動部勞動力發展署申請相關補助，每一雇主每年最高可申請一百萬元補助。

但實務上仍有不少人質疑：年齡歧視難以舉證，獎勵誘因也門檻不低，企業真的難以嘗試。

相較於台灣，德國BMW集團，是較早洞察到勞動人口高齡化與少子化並做出因應的企業。根據BMW集團在二〇一〇年公布的研究，工廠員工的平均年齡從二〇一〇年到二〇一五年就會從四十三歲提高到四十六歲，而五十歲以上員工的比例，也會從三〇%增加到五〇%以上。

BMW因而推動了「為明天做準備」（Today for Tomorrow）的計畫，該計畫聚焦於改善員工平均年齡提高的情況下如何維持生產力，一開始先從年紀比較高的一組員工試行推動，接著再擴大到集團旗下所有工廠。

在計畫實作後發現，只需改變工作環境上的細節，就能帶來顯著的成效。舉例來說，BMW讓員工上班時換穿符合人體工學的鞋子，工廠的地板也改鋪設軟質地板，這樣的舒適感不只讓高齡工作者享受到，即使非高齡工作者一樣也可以擁有舒適的環境。

此外，作業螢幕上的字體刻意放大，工廠的照明也持續改善，讓上年紀的員工眼睛不再吃力。這個具前瞻性的作法，已陸續被各大廠仿效，成了德國企業優化工作模式的典範。

這樣的「為明天做準備」的作法，也是台灣企業可以參考的優秀方向。

打破退休年齡的框架，壯世代能為企業繼續永續！

企業自己最了解企業自己的需求，擁有豐富工作經驗的壯世代更是如此，若在勞動力上將壯世代設為負數，那將永遠無助，應徹底扭轉：只看到壯世代在肌力與體力上的不足，應更聚焦壯世代在智力與經驗上的無可取代性，這樣才是打開面向壯世代的窗，為營收與永續開啟更大的一扇門！

以下我們提出面向壯世代參與永續營造的創意方案，試圖為ESG勾勒出改變的想像：

一、先行者最大優勢

有鑑於目前企業響應ESG多以面向環境永續，若有企業將壯世代共榮的範疇，列入企業參與ESG的主要工作項目，無論在媒體關注上做出差異化，甚至可以在擴展ESG範疇上，成為領頭羊，具有更高的話語權，典範案例更可以隨著企業永續而流傳。

二、壯世代職場優化

企業內部應增設壯世代工作優化中心，該中心應針對兩個面向加以投入——符合壯世代的工作內容優化；壯世代可提供的額外價值優化。工作內容優化如同前述BMW案例，額外價值優化指的是，壯世代的經驗可以成為推動企業服務與商品轉型的觸發劑，壯世代的資源可成為提升企業品質與資源優化的橋樑。

三、專責單位把關

企業內部或外部，成立專責的部門審核所有產品、服務是否符合壯世代需求，如：產品包裝是否方便拿取、標籤字樣是否清晰、服務人員是否友善等。

四、鼓勵措施再升級

指標性媒體或是非營利組織，再增設永續類獎項時，應將友善壯世代的指標納入評分標準或是增設企業友善壯世代的獨立獎項。

PART

4

第三支箭

解套，政府社會責任

超高齡社會已經迫在眼前，而我們的政府卻完全沒有跟上。

一旦跨出六十歲這扇門，是什麼景象——一片荒漠，一切都因陋就簡，沒有人生指引，沒有生活藍圖，沒有未來目標。一切都要靠自我規劃，靠自己設計，靠自我安排。現在已經五百萬人湧到荒漠這邊來了，人都來了，而且是數百萬人未來三十年要居住的世界，一切建設都沒有，這是誰的責任？當然是政府的責任。

目前我們看到的大部分高齡化政策，也都是「補貼式」的貼膏藥政策。長照計畫二．〇、友善關懷老人服務方案、中高齡者及高齡者就業促進法、高齡獨居者之社會安全與健康照護網絡、地方政府提供免費公車、眼鏡假牙補助、社區大學、樂齡活動……，老人福利法都已經遠遠落伍跟落後，跟不上壯世代興起的需求，必須全面性的大翻修，而不是守著舊思維，修修補補。

英日等先進國家早已將超高齡社會的到來視為國安問題，而動員「全內閣」制定因應對策。而台灣的人口老化速度遠高於歐美國家，至今的法令卻仍延用五十年前的舊有觀念。

這是一個人生的大西部，也是數百萬人的新人生，政府該做什麼呢？政府應該以拓荒精神，鋪橋造路，帶領壯世代，帶領產業，大膽布局，前瞻規劃，打造半數人民安居樂業的新樂土為己任。

本篇藉由請願書形式，針對壯世代相關政策的十個關鍵部會，大膽提出關鍵問題與可能創意作為。希望藉由刺激各領域專家，拋開枝微末節的專業思辨，看見一個近在眼前的巨大浪潮，引領台灣迎接下個歷史階段。

壯世代大預測9

壯世代必須勇於與政府對話

對話總統：超高齡社會可能淪為死水社會

四十年前台美斷交時，大概不會有人想到今天的台灣仍可以民生安定，在國際上保有一定的地位。這都是歷任總統與人民共同拚出來的。現在台灣又再次處於下個四十年的歷史轉捩點，而人民未必感知，需要總統帶領大家突破框架。

台灣的國家尊嚴，立基於經濟繁榮；而經濟繁榮，立基於社會穩定。這是為什麼過去四十年歷任總統多致力於民主轉型、性別平權、醫療保健、廉能法治等社會穩定型政策；唯有社會穩定，各種經濟與科技發展才有萌芽的溫床，也才能讓台灣在國際處境不利的情況下展現國家尊嚴。而現在，台灣社會穩定的前提將遇到前所未有的挑戰——二〇二五正式進入超高齡社會。在情勢進一步惡化為死水社會與仇恨社會之前，政府必須有所因應。

超高齡社會變成死水社會？

國內早有人疾呼「高齡不工作，經濟一定會垮掉」，因為全球高齡社會下的勞動參與率不足已經不是新鮮事，歐美日韓都有專家報告。不過不會有什麼人感到很危險，因為眼下台灣六十五歲以上人口三百八十萬，已經是歷年新高，但股市照樣上萬點，也沒人在台灣餓死過。問題不在眼下，而在將來。

台灣人口老化速度太快，比歐美日韓都要快。按照聯合國經濟及社會部人口司的世界人口觀察報告，二〇三四年，台灣一半的人超過五十歲，已經是分水嶺。二〇五〇年，台灣六十五歲以上人口約八百萬。而三十歲以上工作人口，也就是社會的主要生產者，也只有約八百萬。也就是現在剛進入大學的大學生，三十歲時就要面對台灣一半人口五十歲的社會。而等到他們熬成公司高管，上要提供八百萬退休人口的退休金，下可能要養育不到三十歲不願工作的新生躺平族。

他們養得起嗎？問題其實也不在這。不少年輕人早開始啃老了，何需他們來養老？問題是社會三分之二的財富，包括房子、年金、存款都掌握在六十五歲以上人口手中。按照目前的社會運轉機制，不透過繼承，不會交給下一代的人。而在傳統觀念桎梏下，六十五歲以上就叫老人，就該退休，就該保守，所以他們會非常謹慎地管控日常開銷，而且不事生產。那麼，那時的社會將會成為一個資金高度不流通的社會。年輕人的錢都拿去繳退休金，沒有任何餘裕可以創業或投資。老年人的錢用於日常、醫療，頂多有些保守性的投資或存款，沒有任何餘裕可以創造新財富。這將是一個沒有經濟動能的死水社會。

這灘死水會持續多久？很久。因為台灣的醫療太好了，長照福利太好了。就像四十年前我們不會想到現代人的平均壽命可以高達八十歲，而四十年後活到一百歲可能都是正常的事。於是，死水將會不斷複製，直到島上的人口少掉一半。或者，直到台灣國力衰退到無力抵抗外侵時。

死水社會引發仇恨社會？

英國有鑒於高齡社會下的勞動力不足問題，經濟活動轉型走向資本密集，希望發揮服務業的優勢。但英國從高齡社會轉向超高齡社會有相當長的調適時間，不像台灣人口老化速度那麼快。主要因為英國從工業革命後累積了三百年的財富，社會福利的根基雄厚，新出生人口數仍不低。台灣呢？有這樣的先天條件嗎？社會可以承受資本階級差距拉大的衝擊嗎？

日本的高齡社會對策基本法則是希望結合日本的AI優勢，經濟活動轉型走向技術密集，用科技紅利來同步解決勞動力不足及高齡長照問題。但日本顯然一路走得跌跌撞撞，這幾年自顧眼前的經濟問題都來不及。台灣呢？我們的產業科技有這樣的先天條件嗎？能做得比日本好嗎？

一旦台灣走向死水社會，而又不能有適當的經濟轉型，接下來就上演在有限大餅下世代爭奪資源的大戲。

年輕人愈來愈沒有機會，將罪責歸向老人，厭惡老人動不動就將過去自己多努力掛在嘴上，要求政府取消老人退休金與一切福利。老年人不甘辛苦半輩子的成就被年輕人貶低，偏偏又掌握財富，人口數量也龐大到沒有政黨可以忽視。於是，就像義大利一般，在社會衝突不斷下，偏鋒型的政黨與候選人一個個出來。每次選舉，就是一次社會的撕裂。國力永遠無法凝聚，成為最容易被併吞的超仇恨社會。

上面這些景象，似曾相識不是嗎？事實上台灣近年已開始出現世代衝突跡象。同婚、年金、核電等議題，背後都潛藏著世代衝突的作用力。

一切問題始於五百萬退休人口「被消失」

其實這一切可以不必發生。真正造成這個僵局的，是傳統對「老人」的想像框架。過去農業社會，人能夠活到六十歲已經算高壽，而且經濟活動以勞動為主幹，到了五十五歲就該早點讓他們退休，頤養天年。這樣也可以讓後進者看到未來，知道自己不用辛苦一輩子，只要年輕時盡情付出，老了會有安定的生活。

但現在人隨便就能活到八十歲，而且前半生大多以腦力工作為主，年紀愈大智慧愈積累，反而更有能力貢獻社會。現在的「老」，不該再侷限於生物學的想像，而應該是當生命完熟後，持續追求自我實現的精神性想像。這樣優質的勞動人口，才到六十五歲就硬生生地讓他們退休，並且用盡一切政策、財力物力、文化思想去暗示他們「你已經老了」、「你該被保護」，鼓勵這些人從生產行列「被消失」，鼓勵他們自我暗示「不行了」。如此，經濟動能如何持續？年輕人的生存空間怎麼能不被壓縮？當年輕人看到健壯的高齡者領著退休金爽活二三十年，占盡了大部分的醫療和長照資源，沒事還教育自己「努力才有機會」時，世代對立又怎會不產生？

當前台灣六十五歲以上人口只有三百餘萬，已開始有不少專家學者警覺到勞動力與撫養比失衡的問題，但人民日子仍照過。到了二〇二五年，台灣正式進入超高齡社會後就不一樣了，這時候六十五歲以上人口將近五百萬。這五百萬人剛好就是台灣的三、四、五年級生，是歷經台灣民主化、工業化、全球化、數位化的壯世代。如果連這群人都被消失，那後面加入的高齡者，可能真的就成為死水世代，再沒有機會成為壯世代的一員。

全內閣制定高齡對策，建立「壯世代」典範

我們可以仿效日本因應高齡社會的積極態度，以世代循環為目標，於內閣設置「高齡社會對策會議」，全內閣共同制定年度高齡社會白皮書。但台灣的優勢、以及所遇到的高齡化社會現象與歐美日韓有很大的不同，要走出自己的路。

要實現世代循環，首先應布局二〇二五年，先行建立壯世代典範。或許可以將內閣分為三組：「經濟活絡組」目標在打造壯世代自給自足空間，促使年輕人可抓住壯世代商機，創造新財富，同時大幅降低救濟、扶老的衛福與金融資源等浪費，帶動台灣永續經濟動能。「後盾支持組」則推動精準醫療、與數位金融等支援體系，作壯世代工作後盾，並讓財政進入正循環。此外，整合軟實力相關部門

為「趨勢引領組」，引領台灣產業轉型，充分發揮台灣優勢。

在總統閣下確立國家目標後，期待行政院長統領各部會擘劃核心任務，落實執行：

- 勞動部：解除非勞力性工作的勞動基準法框架，重新定義工時、退休年齡、與年金制度。讓壯世代可以在移動限制已解除的現代，以新的勞動型態投入生產。
- 教育部：改變傳統的福利型終身學習制度，而以「確保優質勞動力」為目標，重建中高齡分階教育體制。促使壯世代愈工作愈健康，並徹底去除社會與自我的老化暗示。
- 經濟部：獎勵新創抓住壯世代商機，並促使跨世代合作創新，帶動世代資源循環。
- 衛福部：檢討人人有獎式的長照制度與健保制度，同步發展精準醫療，讓資源用在最需要的人身上，促使財政正循環。
- 數位部：建立高齡科技生態系，促進數位金融發展，從而打造壯世代建全理財的環境，最大程度節省年金開支。

- 國發會：建立「未來學」方法論，固定專案預算進行高齡化社會相關研究調查，並帶領產業、醫療、教育相關數據應用協作，重塑台灣社會對超高齡社會的未來想像，引領時代趨勢。
- 文化部：將「亞洲文化競合」列為最高戰略目標，建立本土性的、適宜世代共同創作的文化產業，激發壯世代藝術結晶以永續傳承。
- 金管會：發展本土性CSR與ESG指標，固定專案預算設立獎勵機制，帶動資本投入世代循環的永續領域。
- 交通部：發展文化觀光，輸出台灣獨有的壯世代價值與政策成果，促使世界仿效台灣永續作為。

打破框架，一念之間

台灣長久以來推動的「友善高齡」，是老有所養的農村觀念延伸，過分注重扶弱而缺乏永續循環的老舊政策思想。我們應建構高齡者個人價值並強化與社會連結，以帶動社會生機，而並非花大部分的財政預算在托老、托幼、長照、高齡宜居城市等慈善事業上。

傳統觀念看待「老化」，老人的需求不外乎做好「養生、養老、養病」，於是與老人相關的生活起居用品、食品、藥品、康養服務、科技產品及各種休閒活動紛紛出籠上市百家齊鳴，十幾年來老化議題天天被討論，但率先投入者卻漸漸意識到高齡社會需求的複雜性與困難度，它牽動整個社會制度結構軟硬體設施的更新與新創，必須政府做整體的政策規劃與資源的整合投入，並攜手民間產業力量共同打造才能順利轉型。

真正的友善高齡，是型塑就業續航力的環境——要讓每個人自己認為可以工作，要讓社會認為高齡者可以工作，要讓所有想持續工作的高齡者不會因為看到同儕沒工作而佇足不前，可以實現人生意義。

這些創新政策過去未必有契機可以推動，但二〇二五超高齡社會下那五百萬退休人口——壯世代——可以做到，只差總統振臂一呼。現在是歷史的機會，能否改變四十年後台灣未來的命運，就在您一念之間。

對話勞動部長：用能力、意願來界定退休，而不是用年齡

在超高齡社會危機的壓力下，高齡勞動政策已經不是簡單獎勵企業雇用高齡者那麼簡單的事了，而應優先制定高齡者在社會中角色與價值的發展策略。

把工作權益當施捨品＝複製歧視

頤養天年、含飴弄孫，是傳統華人社會為高齡生活設計的既定樣貌。尤其當今台灣的就業年齡愈來愈出現年輕人「晚進」、高齡者「早退」的情況，「老而不退」的原罪成為高齡就業卻步的主因。即使當前社會的啃老族變多，致使壯世代有重返職場的動機，但仍抵不住這樣的文化壓力。

這種社會刻板印象下的年齡歧視是當前高齡就業政策難以推動的主要問題，而單純地獎勵企業雇用高齡者等於加深了這個歧視。

在職場同事看來，被雇來的高齡者並非被雇主欣賞而加入公司，而是因為公司有補助可以領才被迫選擇廉價勞力。這樣的暗示也會出現在任職者心中，並在高齡者同儕間傳播開來，再一次複製社會歧視。

一九八〇年台灣制定「老人福利法」，當時立法精神為「宏揚敬老美德，安定老人生活，維護老人健康，增進老人福利」。歷經四十年到了二〇二〇年目標修改為「維護老人尊嚴與健康，延緩老人失能，安定老人生活，保障老人權益，增進老人福利」，四十年巨大的社會變遷只多了「尊嚴的維護」、「權益的保障」兩個詞，內涵依舊視六十五歲以上的老人為需要救助與補助生活貼金的弱勢族群。

一九八四年台灣制定「勞動基準法」，當時國人的平均壽命為七十歲。四十年來社會急速進步，國人平均壽命已來到八十二歲且持續延長中，九十幾歲的長者比比皆是，連百歲時代也為期不遠。若以現行法定六十五歲退休來看，退休後半數以上的人還有二、三十年的「第三人生」，與上一代退休後剩下十年左右光景多出了一、二十年的壽命，如果觀念不改，生活態度跟過往都一樣，這個社會將會發生什麼事？

制度環境懲罰了有心想工作的人

再者，台灣的勞動制度是基於勞資平衡、兩性平權而設計的，當時並未考慮到壯世代就業問題，使得壯世代面臨的勞動環境並不足以激發產值，更遑論透過工作實現人生意義。

例如，領取老人給付即不能再加入勞工保險，使得高齡就業的社會保障制度出現不利誘因。

其他不論工時、職務再設計、職業訓練、工作權益等配套，更是缺乏。何況當前時代早已解除移動限制，而法令也並未完全因應電傳勞動與斜槓人生的趨勢，這都不利於台灣勞動結構的重塑，而頂多只是將老人當弱勢來補助，減少社會爭議而已，並非長久發展之道。

來自戰後嬰兒潮步入六十歲的中高齡族群，已非想像中的弱勢族群，他們歷經台灣社會、經濟、政治、文化的劇變與發展，累積無數從無到有的成功經驗。近五十年來台灣奇蹟式的經濟、科技發展都在他們手中開展與促成。為了不斷精進超越，「保持學習」早已成為他們強化競爭優勢的習慣，他們是能量飽滿實打實的「壯世代」族群。此現象國外亦然，放眼當今世界八十歲的人神采奕奕尚可以選總統承擔治國重責大任，為何精神體魄日正當中的「壯世代」族群六十五歲就要被強制退休？

長此以往，年金、長照成為財政負擔

壯世代若不持續就業，不但影響了台灣整體勞動力與企業產值，而且勢必影響台灣的財政問題。

首先，年金勢必出現缺口。本來可以繳納保金的人退了，而且未來幾年高達五百萬到八百萬人，這必然造成現行工作年齡人口的龐大負擔。

而不工作，不追求人生意義的後果，就是老得快。即使現代高齡者的精神旺盛，但在一個無所事事高達二、三十年的環境中，也容易被逼得出現生理上的問題。無形間就耗費了大量國家的長照資源。

我國六十歲以上勞動參與明顯低於其他國家，除部分為個人因素外，多數與社會對高齡工作者不友善有密切關聯，二〇二五年邁入超高齡社會，身心靈仍健壯的壯世代不可能抱持安度餘生的消極態度過活，但想要繼續發揮生命的光與熱，保持生產力消費力連結於社會發展脈動，除了個人積極築夢追求外，更有賴政府在勞動政策上因勢利導開啟機會大門。

英國在設計制度前先進行社會教育

英國的中高齡參與率都高於我國，許多經驗是值得借鏡的。

當前英國三分之一的勞動人口在五十歲以上。英國在產業轉型服務業的大戰略下，面對高齡社會帶來的勞動力短缺問題時，優先鼓吹工作多樣化，強調企業在職業生涯後期能產生工作緩衝期，而非就業與退休的截然二分。

同時倡導漸進式退休，也就是藉由減少工時或調整職務，逐漸從全職工作轉為逐漸減少工作時間或逐漸減少職務上的安排。

種種作為就是以社會教育喚起高齡者就業意識，並且讓社會大眾能夠接受新的勞動結構樣貌，成為社會約定成俗的共同文化。

立法保障壯世代工作權益

鄰近的日本政府一九九五年就制定「高齡社會對策基本法」，定期舉辦「高齡化社會對策會議」，由內閣總理大臣親自召集中央全體部會首長參與分工，明訂高齡化社會願景與基本對策，全面展開對高齡化研究調查與因應行動，以建構安居樂業讓每位國民發揮生命價值的社會為目標。期待我們的政府也如此看待國人的生命價值，並把握全球下一波長壽經濟的新契機，妥善規劃急起直追。

當前要務是破除傳統刻板印象而形成的法律與文化阻礙。重新翻修所有就業相關政策法令，例如職務再設計、職業訓練、薪資補貼、延後強制退休年齡、提高領取年金年齡的最低門檻等等。列舉如下：

一、重新檢討法定退休年齡，參考先進國家從六十五歲延到六十七、六十八甚至七十歲。

二、倡導年齡中立，多元包容合作的組織文化。

三、以租稅減免獎勵企業聘用中高齡員工。

四、與時俱進的終身學習，例如數位化能力、身心靈均衡發展。

五、跨代合作，讓不同的優勢充分整合，提升組織及個人的競爭力。

六、健康老齡化的身心維護，給員工退休後仍保有健康身體的盼望。

七、高齡員工職務再設計，兼顧工作、生活與休閒的上班彈性。

八、支援員工家庭照護需求，讓員工專心工作無後顧之憂。

九、無障礙與安全保障的工作環境。

十、穩定員工生活的理財教導，體現對員工長期生活的關懷。

用能力、意願來界定退休，而不是用年齡

工業革命以來以生產力掛帥的勞動市場，青壯年接手社會運轉的主力，高齡者逐漸被視為生產線上的弱勢而遭歧視邊緣化，時至今日，知識經濟崛起產業型態大幅轉變，以勞力為主的傳統工業也都陸續被自動化及人工智能取代，知識與經驗的匯集融通是產業持續發展的關鍵力量，而促使傳統工業不斷轉型升級的壯世代族群在累積豐富前瞻的經驗與視野時，竟因屆齡而被打入法定強制退休族群，一項由一群醫生和心理學家組成的研究團隊曾在《新英格蘭醫學雜誌》上發表，他們發現人在六十歲時達到了情感和心理潛力的頂峰，這種情況可持續到八十歲，甚至更遠，而一個人最有生產力的年齡是六十到七十歲。這項顛覆傳統思維的研究發現，值得主管人力的勞動部深入了解驗證。

工作不只是財務收入，也是身心靈健全的保障，台灣想發展壯世代市場，就需先製造工作機會。勞動部扮演著整個經濟活絡的動能來源。期待在您手中成就這歷史性的任務。

對話教育部長：第二大學的文憑才有大價值

高齡教育的對象不僅是高齡者，更應該擴及全民。

翻轉高齡者老弱殘病窮的印象

就像女權運動一般，如果只有勞動基準法規範女性職場權利，台灣現今不會走向這麼平權。而是透過從小學到大學甚至研究所的各種教育配套，讓全民從骨子裡認同平權思想，女權意識才有萌芽的可能性。

高齡教育應該要以有計畫、有目的及有組織的學習活動，來改變民眾對於老化及老人的認知。

而台灣當前相關的高齡教育，多止於鄉鎮市區樂齡學習中心、樂齡大學，僅由教育部終身學習司一個單位來負責，而法源「終身學習法」的教育對象也集中在五十五歲以上人民，這是無法翻轉大眾對高齡者的刻板印象的。

「幸福的人生取決於有意識的思維方式，而教育是改變思維最主要的力量。」銀髮概念下的高齡政策及白色商機充滿負能量，不受歡迎註定要失敗，活躍老化的樂齡橘色世代觀念稍有起色但欠缺感動與心靈層次的滿足，真正要啟動曾經翻轉大時代滿懷壯志的這群壯世代再造幸福的第三人生，唯有以「壯世代」全新且兼具廣度與深度的內涵教育啟動之。

未來的熟齡生活樣貌將非常多元，將有無限的想像與發展空間，傳統關於老年的經驗與知識將逐步走入歷史，不足以拿來餵養傳承給壯世代，所有的課程都必須是全新的，融入時代新趨勢重新設計。

課綱全面翻轉

要阻斷台灣從超高齡社會演變為死水社會甚至仇恨社會，經濟層面首在讓壯世代勞動力融入勞動市場，而教育層面則需先破除大眾對高齡者的刻板印象。

我們可從十二年國教的公民相關教育開始，勾勒孩子對於將來第二、第三人生的想像。而不只是如傳統般讓孩子誤以為從學校畢業迎向第二人生後，這輩子就準備結束了。而等到孩子們長大、工作、退休時，赫然發現自己什麼準備都沒有，只能隨俗「遊山玩水」、「含飴弄孫」，白混人生最精華的廿卅年。

強人爺奶訓練班＋壯世代USR

除了單純的觀念灌輸，還要進一步讓世代間能積極互動。我們可以在現有樂齡大學的基礎上發展「強人爺奶訓練班」：該班的教師資格設定十六歲以下孩子。課程內容就是教樂高、電動等等，在互動中讓雙方發現彼此、欣賞彼此。

爺奶上課可搭配服務學習點數，讓孩子申請入學時可以加分。可透過USR（大學社會責任，University Social Responsibility）等機制，獎勵大學設立相關學分、課外輔導、社區實習，更積極地讓學生掌握第三人生必備的通識，並可以將心比心，於深層認知中認同年齡平權思想。

另外，普遍在大學設置的「育成中心」都面臨難以為繼的困境，如果能引進壯世代的「退休經理人」跟育成中心合作，由退休經理人提供資金、商品、市場、管理經驗，由育成中心提供教師顧問及學生員工，共同合作新創公司，成功的機會應該大增。

從福利觀點轉向資源運用觀點，鼓勵第二大學的文憑價值

「終身學習法」的政策目標，很大一部分在於延緩中高齡者變成需要照護之人口，這是相當進步的思想。但如果政策僅止於這種「衛生福利」考量，無法因應接下來台灣要面對的超高齡社會。

現階段樂齡大學成員都是五十五歲以上的中高齡學生，也就是戰後嬰兒潮族群，這批陸續邁入六、七十歲，數量超過五百萬人且快速累增中的人群，是史上未曾有過的另類族群，他們走過台灣社會、經濟、政治、文化的劇變與發展，從

窮苦到富有，累積社會三分之二的財富，從封閉無知到教育普及且走遍世界識多見廣，健康狀態佳，壽命更比上一代多出二十歲。歷經無數的篳路襤褸開創新局，台灣近五十年來所有的發展都在他們手中開展與促成，甚至聲威遠播揚名國際。為了精進超越，「學習」早已成為他們保持競爭優勢的習慣，好學、求新求變、創意創新、放眼全球……。

西方在工業革命後創立現在的大學體制，目標就是透過「生產技術提升」，使國家經濟活動能從量轉為質的飛躍。所以科系類目與學程都是為了第二人生而設計。而台灣即將面臨西方社會所未經歷過的快速高齡化社會，可以考慮為第三人生設計教育學程，讓社會能夠持續運用壯世代資源。

老人教育不是打發時間的休閒活動，而是繼續知識追求與自我實現的過程。從第一人生進入第二人生，通常會進入大學，為未來三十年的職涯做準備。那麼，從第二人生要進入第三人生，何不重返大學做準備？因為少子化面臨關門的大學，因為壯世代湧入校園，可以再現生機。而這批修過第三人生大學的壯世代重返社會時，也將不可同日而語。

例如，於五十歲開始，可報考相關科系，十年間修滿一百二十學分可畢業。每個月四天公假到校修習，不影響職場工作。而畢業後憑證書可作為企業判斷是否可採漸進式退休的準據。

如此，不但可幫現有企業從質上提升生產力，而且也將產業知識帶回學校，有助於學校教學與研究的升級。

此外，可鼓勵大學設立壯世代研究機構，專門針對高齡化社會的國家發展戰略進行研究。讓整個學、產、官，貫通一氣，為台灣下個四十年奠基。

在整個經濟活絡的部會群組中，教育部扮演的正是嫁接勞動力與經濟活動的樞紐。期待在您手中成就這歷史性的任務。

對話經濟部長：精彩第三人生是大商機

下一代年輕人的機會，必從壯世代市場開始。

社會移動停滯的一代

二次世界大戰後至今，先進國家的經濟成長曲線逐年平緩，在分配上偏向富者愈富，因此社會移動近乎停滯，年輕世代累積財富的速度減緩。台灣也遭遇類似情境。雖然「所得與財富」位列經濟合作暨發展組織（OECD）國家第三，但社會普遍現象是低薪、買不起房。雖然半導體大賺，科技新貴領高薪，多數人所得卻沒提升。

數位等新興領域看似可帶動新創，但國際上微軟、亞馬遜、谷歌、臉書、騰訊、阿里巴巴輩出，快速走向資本與技術密集，後繼者無力撼動其領導地位。尤其中國大陸的計畫經濟力道強勁，所以即使像過去的兩兆雙星（DRAM、面板、生技、文創）獲得政府高度挹注，卻也被打得很慘，無法短期內成為這世代有效的經濟趨動力。

何況台灣三分之二財富集中在中高齡段，這一代年輕人的機會又在哪裡？

財富移轉停滯的上一代

反觀中高齡世代，卻也好不到哪去。由於五百萬退休人口「被消失」，消費與投資必然不會積極。於是社會的財富呈現靜止狀態，不透過繼承或贈與，很難有進一步的財富移轉。

在這樣的僵局下，有什麼市場可以不透過計畫式經濟，而用營造投資環境的方式來鼓勵新創呢？

解開僵局，從經營壯世代市場開始。

要讓壯世代形成有力市場，除了從勞動政策切入使高齡者手上的餘錢願意流通、並從教育政策切入破除社會的高齡歧視以外，最重要的即是協助年輕人把握壯世代商機，帶動世代間的資源循環。

精彩第三人生是商機，應長遠部署市場

工研院估計二〇二五年台灣銀髮產業市場規模將達新台幣三．六兆元。實證上壯世代消費力也確實驚人：按照聯合信用卡中心二〇二一年八月資料，八十歲以上的平均單筆消費最高，六十歲以上壯世代單月刷卡金額也近兩百七十億。

「家庭羈絆」、「活力需求」、「生命意義」是壯世代重要消費動機，所以疫情期間為了家人，為了健康，即使多數屬於退休或半退休狀態，單月消費金額也可以上看兩百七十億。那麼如果一但勞動力解放，手上的餘錢更多，市場豈不更驚人？

我們可以發展壯世代市場版的產業創新條例，有系統地在租稅減免、信貸、研發補助、人才培育等各方面，鼓勵年輕人創新。

國內操刀後，就更有實力進軍國際。WHO推估二〇二五年全球銀髮產業市場

將達到新台幣一千一百二十二兆元。不香嗎？

促使跨世代合作創新

信貸，或中小企業研發創新補助申請在實務上往往是愈富愈得，因為政府需要為民守財，如果申請者的成功經驗、信譽、資金不足，不見得申請得了。這時我們可以明定跨世代合作的獎勵辦法。

結合年輕人的創意，壯世代的人脈、資金、信譽，不但可以確保計畫的可行性，更可進一步促使世代交流，相互了解，有助於市場的開發與擴張。

就像日本上勝町結合地方創生的案例，年輕教授教務農的爺奶賣料亭的專用花葉，由爺奶透過自己的人脈與資金執行，不但每個月三十萬日圓收入，每個人還藉此學習自己處理訂單、善用電腦，擴大了經濟與市場外溢效果。

在整個經濟活絡的部會群組中，經濟部扮演的是促使兩個世代資源循環的推手。期待在您手中成就這歷史性的任務。

對話衛福部長：
讓壯世代安心追求人生意義

如果想運用健保大數據，壯世代國家發展戰略將是最好的方案。

台灣人願意為了公共利益而支持政策

病例等就醫紀錄結構化資料開放一直是個資爭議的焦點。也使得主管機關動輒得咎，必須等待適當時機才能推動。

但我們看看疫情期間，實聯制也有個資爭議，卻因為大眾共體時艱，突然間沒什麼人過問。政府只消說一句「有去識別化」，實聯制立刻於各行各業普及開來。由此可見，台灣人仍是願意顧及公共利益的。

健保大數據先天難以與有感的公共利益結合

但是開放健保大數據本身就是公共利益，為什麼過去這樣的訴求卻難以獲得共鳴呢？

過去的訴求往往是從公衛專家、醫師的角度出發，諸如「台灣的醫療資訊大數據累積二十餘年，舉世聞名，一旦結合AI、ICT，成功發展預防醫學和智慧醫療，台灣將是全球發展大健康產業的最佳夥伴」云云。而訴求中不論「新醫療方式」或「新產業」，都不見得是大眾所迫切有感的公共利益。

台灣的高齡人口醫療費用是平均的三倍以上，新的醫療方式不見得是年輕族群感到迫切的。比起個資，似乎公平正義才是自己該追求的。

至於新產業，每任政府都在說，看不到也不見得吃得到，自然興趣缺缺。比起眼前的疫情，自然實聯制值得支持得多。

超高齡社會壓力在前，是契機。

健保費遲早需要調高，而扶養比這兩年也將巨幅增長，台灣對於超高齡社會因應的呼聲只會愈來愈高。

在經濟活絡內閣組的溝通下，後盾支持內閣組即可開始推動改革。

推動建康平權

在整個壯世代國家發展戰略中，透過解放高齡勞動力、世代經濟循環等措施已經可以緩解人人有獎式的長照預算壓力。此時，趁勢推動精準醫療，等於是讓財政資源用在最需要的人身上，大眾的接受度自然較高。

同時，可以開始考慮推動「自願性選擇不同等級的健保費」。例如選擇每個月多付一些，換取以後可優先享有更先進的預防醫學、智慧醫療等服務。這樣，財富較多、且手上又有工作的壯世代自然願意選擇較高等級，自然免除了年輕人認為自己繳的錢一樣多卻享受較少的感受。

如此，政策不但合乎公平正義，利於推動，而且預防醫學等措施也會真正讓台灣從「全民疾病保險」的窘境回歸到「全民健康保險」的初衷。健康財政能夠正循環，何愁壯世代無法創造新產值？

讓壯世代安心追求人生意義

一般高齡者往往會覺得要留筆錢看病用，所以消費往往緊縮，生活也容易自我暗示少出門少意外。而愈是如此，反而愈會占用長照資源，這樣的社會是畸形發展的。

所以衛福政策在整個壯世代國家發展戰略中的扮演的角色，即在於去除壯世代的後顧之憂。期待在您手中成就這歷史性的任務。

對話數位發展部長：兩個世界，不通有無

打破數位壁壘，在當前可能比起數位經濟發展重要。因為數位經濟發展，是富了產業，而超高齡社會下的財富流通有世代隔閡問題，產業未必能起全面帶動經濟作用；而數位普及則可以直接讓社會財富開始流通。

兩個世界，不通有無

世界各國在急速數位化浪潮下，多形成世代間不同生活模式。年輕世代掌握數位工具與附隨的個人主義價值體系，而高齡世代則掌握傳統文化與智慧經驗。

在數位發展具有先手優勢的國家中，這樣的世代間差異並不會帶來什麼問題。世界哪個區域不存在價值差異？這本是正常的事。這些差異有時反而帶來好的互補合作。就像台灣一些都會化高的城市中，許多數位新創領域的企業，往往由年

輕人提供創意與執行，中高齡者提供整合與企劃，相互調適得非常好，甚至因此相互學習了對方的工作技能。

問題在台灣的特殊處境：資產在壯世代手裡。

在台灣，沒什麼年輕人奢望這輩子買房。如果不是父母資助，可能也不會攢下結婚時的買房錢。許多年輕人因為自認這輩子不會發財，所以乾脆成為月光族，享受當下；於是個人主義愈盛，愈不會將數位知識傳遞給父母長輩。而長輩們則是因為退休而消費緊縮，加上缺乏數位習慣與數位搜尋知識的技能而更不會運用金融工具將資產活化。於是年輕人將更不會有機會賺錢，因為台灣的資產流通是凍結狀態。

情感連結，才能打破數位壁壘

其實數位生活的壁壘本不該這麼難打破。畢竟不是學寫程式，更不是攻讀博士。一個歷經世故的長輩不太可能這麼難融入數位生活。

問題在網路一開始沒有複製人情社會下的情感連結。而壯世代重視情感連結。所以我們可以看到疫情期間，有阿嬤抱怨不會預約疫苗施打日，希望可以有里長派通知單。但是阿嬤要跟兒子女兒連絡時，卻是用LINE，因為LINE可以方便與親人互動。這個情感連結使得阿嬤有學習數位工具使用的動機。

又像全聯PX PAY推出兩週下載破百萬，因為他將廣告預算轉作獎勵服務員教導壯世代使用行動支付。這個教與學之間的情感連結，促使下載率飆高。

台灣要有高齡者的數位普及政策

由於台灣人口結構轉化速度比起歐美日韓都快得多，必須有專屬自己社會民情的數位普及政策來因應。最基本要解決的問題就是如何在年輕世代個人主義興盛的情況下，讓數位技能可以普及到中高齡層。

所以這意味有兩個延伸問題需要想清楚。一是什麼樣的數位技能要優先普及？應該是金融科技相關技能。因為大目標是促使資產流通，那就必須將普及的標的鎖定在金融知識獲取與交易等各層面上。否則，在金融科技沒有普及時只一味地宣傳高齡金融商品，只會使得「金融剝削」——某某人的錢被理專拐走了——更為盛行。因為人情是壯世代優先選擇獲取情報的路徑。

其二，普及的路徑？透過子女傳播顯然不可行，那麼透過社區課程嗎？這恐怕更不可行。重視人情的另一個含義就是不喜歡被標籤化。如果開班授課的名稱是「老人數位教學」，或是來的街坊鄰居都是老人，等於是把老人當幼稚園小朋友來教學，任誰都會不舒服。

建立高齡科技（Age tech）生態系

不如透過生態系的建立，有系統、有計畫地普及。

大型科技公司，如蘋果、亞馬遜和谷歌在面對超高齡社會及高齡科技的浪潮時，主力開發「通用年齡」的功能與新設備。例如Apple Watch有內建跌倒檢測的功能，二〇二〇年，他們更推出「家庭方案」，讓沒有iPhone的壯世代，也能透過簡單操作方法與家人通話、發信與分享GPS位置。

同時有愈來愈多新創公司投入高齡科技應用開發的行列，產品與服務不僅考慮壯世代，其家庭成員、政府、醫療保健體系或其他相關服務提供者等，也都會成為利益關係者。

透過這種方式，可讓壯世代自然而然融入數位生活中。但這需要有通盤的前置政策規劃。

數位普及政策在整個壯世代國家發展戰略中，扮演協助壯世代更好融入當今數位金融體系的重要角色。期待在您手中成就這歷史性的任務。

對話國發會主委：請先修「未來學」

台灣需要擘劃壯世代發展藍圖，屏除舊有養老觀念的高齡政策。

屏除超老舊高齡政策

如果我們盤點台灣現有的高齡政策，可以發現幾乎都是基於傳統農工社會下「老有所養」的觀念而誕生的政策，並非針對台灣可能走向的死水社會、仇恨社會進行政策資源部署。

- 內政部：市區道路人本環境建設計畫——無障礙福利
- 內政部：智慧化環境科技發展推廣計畫——智慧建築福利
- 教育部：建構終身學習社會——社區大學福利
- 教育部：持續增設樂齡學習中心——村里福利

- 經濟部：輔具產品開發推動——無障礙福利
- 交通部：交通場站與運輸工具無障礙設施改善——無障礙福利
- 勞動部：強化勞工退休金制度——安養福利
- 勞動部：積極開發多元勞動力，提高勞動參與率——唯一積極性政策
- 金管部：持續推動提高國人保險保障及強化老年經濟安全——安養福利
- 衛福部：輔具補助方式多元化與相關資源整合實施計畫——無障礙福利
- 衛福部：社區關懷據點——村里福利
- 衛福部：高齡友善健康環境與服務計畫——健康服務福利
- 衛福部：長期照顧服務量能提升計畫——健康服務福利
- 衛福部：以醫療科技建構社會保險永續發展計畫——健康服務福利
- 衛福部：建置優質照護服務體系——健康服務福利
- 衛福部：台灣健康雲計畫——健康服務福利
- 衛福部：高齡友善健康環境與服務計畫——健康服務福利
- 衛福部：醫衛生命科技研究計畫——健康服務福利

- 衛福部：促進健康老化及產業升級：新藥及保健食品之研發——健康服務福利
- 衛福部：營造健康及幸福社會——健康服務福利
- 衛福部：國民年金保險——安養福利
- 衛福部：以醫療科技建構社會保險永續發展計畫——安養福利
- 衛福部：建構領航國際之活躍老化監測暨決策支援系統計畫——支援政策
- 文化部：以醫療科技建構社會保險永續發展計畫——安養福利
- 文化部：社區營造及村落文化發展——支援政策

超高齡社會政策應更具整體性與策略性

超高齡社會已經是國安問題，但從上述各部會的因應政策，可以看到我國政府的準備嚴重的不足，都是各部會在原有組織架構，原有業務預算編制下的措施，缺乏國家發展高度的整體性與策略性部署。

但時間並不多，因為台灣的人口老化速度遠高於其他國家，來得又快又急，幾乎沒有時間讓我們有調適機會，國發會的責任重大。

建立「未來學」方法論

現有的政策之所以幾乎以安養為核心，是因為我們都是歸納過去發生的事來因應未來。這種以經驗主義所架構的政策，容易在國家發生重大變化時失靈。就好比農業帝國無法預測工業革命帶來的問題，人本不可能在體制內控制體制。我們應建立「未來學」方法論，固定專案預算進行高齡化社會相關研究調查，並帶領產業、醫療、教育相關數據應用協作，重塑台灣社會對超高齡社會的未來想像，引領時代趨勢。

國發會是行政院重要政策規劃機關，擔負國家整體發展之規劃、設計、協調、審議及管考等任務，在整個壯世代國家發展戰略中，扮演引領趨勢的重要角色。期待在您手中成就這歷史性的任務。

對話文化部長：
壯世代是台灣獨有的文化產業

將高齡者當成弱勢而訴諸的文化平權只能讓台灣社會停滯不前，未來四十年應積極以亞洲文化競合為最高戰略目標，發展台灣獨有的壯世代文化產業。

中日韓泰都積極爭取文化話語權，台灣為什麼不行

論起文化載體的發展，日本有動畫，韓國有韓流，都是足以影響世界精神文明的重要思想載體。中國大陸歷經文革，本在文化底蘊上落後台灣甚多，但現今不論綜藝、影劇、服裝、酒食，卻都積極部署，其對台影響力，甚而引發文化部對於愛奇藝來台投下反對票，已到了政府不能不正視的地步。就連泰國，近年也積極藉由廣告、恐怖片等原創，展現其文化價值與存在。那麼，台灣呢？

中國大陸一集戲劇的製作費可以高達上億元，而台灣卻只百萬元，相差懸殊的原因是台灣市場不夠大嗎？當然這是很難否認的先天硬傷，但《鬼滅之刃》來台仍可以創下六億元票房，超過《海角七號》，台灣的市場實力並沒有被國際任何一個片商所輕忽。

跨世代共同價值，是發展文化產業的重要刺激因子

二〇二〇年底至二〇二一年初，正是台灣疫情和緩時，當大家悶壞了而尋求消遣時，《鬼滅之刃》正好填補了缺口。而《鬼滅之刃》所傳播的思想：正義、奮鬥、親情羈絆，也符合跨世代的共同價值，這使得不論老少，可以共同促成票房。

反觀一般電影，在過去刻板印象的羈縻下，往往成為年輕人專有的娛樂，那麼票房如何不差？台灣的影視產業又如何可看到希望？

其實何止影視？音樂、綜藝、甚至蔚為風尚的文青咖啡館……，種種文化相關

產業均呈如此現象。文化產業愈沒落市場就愈想討好年輕人文化，以爭取基本市場；但愈爭取基本市場，就愈捨去了壯世代市場。惡性循環，造成政府每年勤於補助，卻仍舊很難發展強大的文化相關產業。這背後，其實就是台灣逐漸成形的世代文化落差問題，是結構問題。

世代結構失衡陷阱，致使台灣失去文化話語權

壯世代並非沒有文化消費需求。董陽孜的書畫展，並無老少市場群之分。Netflix和愛奇藝等影劇，追劇的也無老少之分。

問題只在於，如果台灣沒有系統性地發展本土性的文化產業，那麼只會讓國外的文化產業不斷在台灣發展。而台灣本土性的文化產業就只能陷入世代結構失衡的陷阱中，把市場愈做愈小。最終，台灣好不容易累積至今的壯世代文化，無法傳承下去；而新世代文化也因為缺乏養分而無法成形。台灣失去在國際上宣揚自我文化價值的話語權。

發揮壯世代文化底蘊，發展台灣獨有的文化產業

勞動部、經濟部等部會主要藉由解放壯世代勞動力來活絡經濟，但不能根本解決台灣世代文化結構失衡的市場問題，必須由文化部來引領台灣進一步產業轉型，充分發揮台灣優勢。

而要做到這一點，就必須擺脫現階段將高齡者當成被保護對象的文化政策。不論是培養中高齡者擔任文史解說員、邀請阿公阿嬤玩藍染，這類的政策在缺乏配套措施與戰略思維指導下，只會淪為福利政策，並且進一步地複製歧視，無助於翻轉世代文化結構失衡的問題。

壯世代是蘊含台灣最豐富最多元文化資產的世代，從農業社會跨越到元宇宙社會，壯世代都是最重要的促進者，每一位壯世代的身上都充滿著時代的故事，在華人市場都甚具指標性，足以發展專屬台灣的文化產業，有策略地將他們引入新的文化產業中，充分發揮壯世代豐富的文化底蘊，激活他們歷經台灣民主化、工業化、全球化、數位化的文化資產。

考量產業初期的相應資金有限，必須靠議題、靠原創性來引領相關文化產品發展。而壯世代本身探索社會議題、探索生命的能力比起年輕世代要強，相關的政策要從激活他們的能力著眼設計。

同時打造世代共創的平台，讓文化能在世代間傳承、演進，不斷推陳出新，充盈台灣本土性文化的生命。

設立媒合平台，引領產業發展與轉型

台灣壯世代本身底蘊強，作為文化產製者可擁有議題原創性，我們可以藉此發展台灣時代劇，做系列推展。設立平台，鼓勵投件，開放全民（未來的觀眾）來線上投票，如果投票結果在前十名者，可由公廣基金補助。

光一支影片就可以帶動劇本、製作、編輯等各種人才鏈，如果是有系統地發展音樂、綜藝、出版、工藝、飲食等產業，台灣可以趁機開展服務業轉型，再創下一波經濟動能。

放眼亞洲，台灣在語言與多國文化融合的優勢性，本就不輸其他國家。就如灣聲樂團，只演奏台灣音樂家的作品和使用台灣元素創作的作品，將台灣文化推向國際。這樣的事，比起福利型政策，才更是文化部政策應獎勵的。

文化部在整個壯世代國家發展戰略中，扮演引領產業發展與轉型趨勢的重要角色。期待在您手中成就這歷史性的任務。

對話金管會主委：長壽經濟你看到了嗎？

光將友善高齡列入企業CSR報告書可選項目之一是不夠的，而要有目標、有指標、有政策獎勵，以帶動台灣資本投入世代循環的永續領域。

著眼未來四十年台灣，發展本土性CSR與ESG指標

我國企業開始重視企業社會責任，起因於面對全球化與國際競爭，企業如果沒有企業社會責任實務內涵及具體相關認證，將難以取得國外品牌大廠訂單。也就是說，當前台灣CSR與ESG指標其實是為了「與國際接軌」的產物，缺乏本土性永續指標。

當然這麼說未必公平，畢竟台灣的政策一定也會做出一點本土化的調適，就像食品業的企業社會責任報告書須取得會計師出具意見書，即為一例。由於台灣過

去十年食安事件頻傳，為提升企業社會責任報告書之可信度，證交所及櫃買中心於規章中亦要求上市上櫃公司中屬食品工業及最近年度餐飲營收占總營收五〇％以上之公司，其企業社會責任報告書應取得會計師出具意見書。

但是，這種調適，往往是被動地因應社會變化，是有問題了才來要求企業配合，並非前瞻性地引領台灣企業往台灣所需的目標前進。而未來四十年間，台灣最大的問題在於死水社會與仇恨社會，ＣＳＲ與ＥＳＧ指標必須要有策略地避免這些問題發生，並且進一步地凝合台灣企業力量，投入世代循環的永續領域。

讓壯世代成為企業前進的推動力

高齡化社會對台灣的衝擊遠高於歐美日韓等國家，影響面也涵蓋了經濟、文化、科技發展、甚至政治層面，所以不能只是將「友善高齡」納入ＣＳＲ報告書可選項目之一就了事。

企業的ＣＳＲ報告書往往由財務部門來負責撰寫，每年預算並不如本業部門來得充裕，而為了達成CSR目標，大多以「最低成本的可行項目」來執行。例如淨灘、偏鄉教育、慰問獨居老人等等。千篇一律。當然這也沒什麼不好，起碼都是一些友善環境愛地球的行動，幾萬家企業累積起來也是對人類長遠發展有利的事。

但是這樣一來，只要CSR報告書的規範沒有明確定義因應高齡化社會的目標、範疇、指標，那麼企業仍將會每年行禮如儀地把友善環境愛地球的最低成本行動做一次。非但無助於世代循環，而且在依據傳統刻板印象而形成的「慰問獨居老人」等作為，只會不斷複製這個社會對高齡者的歧視，而無法把資源用在對台灣社會最有幫助的面向上。

如果企業思考如何讓壯世代成為企業前進的推動力，那作法上就會開始思考：如何讓壯世代文化經驗協助企業商品加值？如何透過職務再設計讓員工可以永續為公司貢獻？如何協助壯世代內部創業而帶動企業擴展市場？如何建立世代共創平台，讓企業可以永續經營等等。再配合諸如規範金融業放貸標準等獎懲措施、認證與門檻，才是真正透過金融體制來帶動產業落實企業社會責任，引領時代往正向發展。

啟動長壽經濟，創造下一代創業家

另外，我們認為目前的金融機構相當對不起壯世代。因為壯世代把三分之二的社會財富，放在資本市場，應該是最大的客戶，但這些單位只顧發展經濟，卻讓壯世代過著財務不安全的日子。壯世代的總資產（房地產＋保險＋儲蓄＋年金退休收入等等）相當雄厚，但現金收入明顯減少，如果金融機構能夠適時推出可以活用其龐大財富，又足以保障其財富安全的服務，讓他們不必因為現金收入短缺，而省吃儉用，將會帶動龐大商機。

許多財務保險學者專家十分認同這個觀念，認為金融機構確實應該大大的調整其經營策略，認真服務這群想好好過第三人生的壯世代，並釋放他們龐大的財富，給下一代無限的創業及就業生機。

長壽經濟被視為二十一世紀最大的經濟動能。一個壯世代的大西部建設正等著開發！金管會在整個壯世代國家發展戰略中，扮演帶動企業發展與資本投入方向的重要角色。期待在您手中成就這歷史性的任務。

對話交通部長：台灣就是世界的夢土

台灣觀光價值關鍵在文化，文化的關鍵價值在人文，人文的關鍵價值在故事，而台灣最豐沛的人文故事就在壯世代，所以，振興觀光的關鍵，在於促使壯世代加入說故事的行列。

頭痛醫頭，不如找到病因

透過觀光讓亞洲的成長活力注入台灣的觀點，儼然成了二十一世紀台灣經濟社會發展不可欠缺的重要課題。但在實務上，台灣近年的觀光卻陷入了死循環。

陸客減少時，大家就忙著開拓新客源。於是就有人主張要把握銀髮商機，包括普及旅遊地區的無障礙設施、開發靜態主題遊程、結合地方政府發展歷史與文化等景點內容等等。救死不暇，何談建立台灣品牌，向世界輸出文化價值？

問題癥結點並非開拓高齡市場，或是開拓日韓市場的路線爭議，而是在於我們沒有把壯世代力量吸納至景點文化建構的工程中。只靠政府、旅遊業者單方面的力量來設計規劃景點，等於把壯世代當成「帶團康」的對象。我們如何能期待帶團康為景點帶來豐富的文化底蘊，並讓亞洲的成長活力注入台灣的觀點？

促使壯世代說故事

好的觀光政策，可以造就活力充沛的地方社會，讓地方人士感到自豪與難以忘懷。而要做到這點，最好的辦法就是讓地方人士參與觀光設計的過程。

當勞動部、經濟部解放壯世代勞動力，文化部型塑壯世代文化產業時，交通部的觀光事業則扮演文化產業外的第二個經濟引擎。也就是說，觀光政策並非只是鼓勵壯世代旅遊，而將以促使壯世代營造觀光內容為政策核心點。

在過去，壯世代被當成需照顧的弱勢，退休後無所事事，等死廿卅年。在這種情況下，經濟維生都相對保守，怎麼可能為觀光事業帶來多少紅利？而且由於文化被刻板印象所歧視，就更不會將人生經驗挹注到觀光設計的工程中。而現在，壯世代荷包滿滿、有創作能力、有豐沛能量，只要政策做好規劃、獎勵，可為台灣觀光事業帶來大量紅利。包括自己自足的消費市場，更涵蓋向世界說台灣故事的供給能量。

世代永續的觀光產業

台灣年輕人多愛去日韓旅遊。除了購物、看風景等動機外，很大一部分在於文化巡禮。那是一種對質感文化的嚮往，包括日本的設計、風俗，韓國的流行、文物。這也是為什麼明明台灣的風景豐富度、物價親民度都不輸日韓，但年輕人趨之若鶩的深層原因：別人的觀光載體結合了更精緻的文化。

日本曾經是台灣的殖民主，飲食服裝引領台灣，長期又在AI等高科技領域保持領先地位，所以台灣對日本文化有所崇慕並非難以理解。但韓國呢？同樣都是亞洲四小龍，二十年前台流風靡亞洲，哪有韓流餘地？但韓國後來以國家力量發展影視綜藝，形成韓流而名聞世界，這代表台灣如果能用對方法，不見得會輸。

現在，透過解放壯世代勞動力、型塑壯世代文化產業等作為，是交通部在觀光事業上發揮領導能力，加強對相關部會協調，總其成的時候。

讓世代間透過共同打造宜居城市，活絡地方社會，讓人民為台灣文化感到自豪，這才是我輩該做的事。

衛福部協力，發展「大生命觀光產業」

台灣是一個多元文化，多元信仰的社會，更是領先亞洲成為第一個同性婚姻合法化的國家，既然能跨出這一大步，何不大膽在這個生命平權的價值基礎下，進一步嘗試發展成為世界最大的生命市場——安樂死市場？成為世界安樂死的共和國，引領世界維護生命尊嚴的醫療大國，將壯世代的價值觀念輸出到全世界。

或許可先由衛福部發展生命平權計畫，接著由交通部發展從安樂死到樹葬一條龍服務，讓世界所有人類可以到台灣選擇自己的最後人生。

台灣就是世界的夢土

這是一個連死也要壯的概念。我們搭配安樂死觀光旅程，讓各國人民可以到台灣先安樂再死亡。過程中，家人陪同一起度過人生最後旅程，台灣就是世界的夢土，不讓皮囊拖累自己的尊嚴。其實，大家可以開啟對觀光產業的無限想像。我們可以搭配安樂死觀光團、單程飛機等，發展多元死亡旅遊一條龍方案，例如山上死、海灘死、Motel死等等。後續服務包含雙港聯運，選擇由飛機、海運將骨灰運回。也可以選擇就地安葬，發展樹葬產業，提供家人死後追思，帶動每年新的觀光潮，甚至可以發展外賓觀光機制，定期邀請各國皇妃、公主來台賞花，同時發展賞花花種、時節、儀式、餐點、住宿沐浴等配套文化，藉此輸出台灣文化價值。

向世界輸出文化價值

觀光將是台灣未來最重要的文化部門。而發展文化觀光，輸出台灣獨有的壯世代價值與政策成果，促使世界仿效台灣永續作為，則是當前台灣在國際政治中最重要的基礎工程。

人際是交通的核心。交通部在整個壯世代國家發展戰略中，扮演串連世代，從互動而感動的重要角色。期待在您手中成就這歷史性的任務。

結語
星星之火 可以燎原

為了因應台灣進入高齡社會，二〇一五年我們追隨前衛生署長楊志良共同創辦台灣高齡化政策暨產業發展協會（高發會），致力推動活躍老化的工作。二〇一八年，台灣正式邁入高齡社會（六十五歲以上老年人口占比超過一四%）。並以世界第一名的速度，短短七年時間即將於二〇二五年，快速邁入超高齡社會（二〇%）。因此，我們認為必須改變因應策略，活躍老化已不符所需。

我們再次於二〇二〇年籌備壯世代教科文協會，並於立法院召開「壯世代，擁抱時代——打造二〇二〇全新詞彙『壯世代』」記者會，希望以「壯世代」的新名詞，取代被「老」的標籤所框限的「銀髮族」正名運動。旋，於二〇二一年正式成立協會，全面展開壯世代社會運動，這本《壯世代之春》是累積多年來的推廣心得。

壯世代主張跟活躍老化策略，有什麼不同？

「活躍老化」是WHO自二〇〇二年開始推廣的政策，意即協助高齡者持續參與社會、經濟、文化、靈性、與公民事務，而非進入既「退」又「休」的狀態。活躍老化帶動的橘色商機，形式上聚焦於身心範疇（營養／身體活動／健康）的維護，但內涵上似乎還擺脫不了隱藏在底層的夕陽無限好的「蕭瑟」意味，雖能填補高齡者身心的局部空白，還不足以阻擋失去意義感的銀髮族，淪為長達八．九年的臥床族的趨勢。

目前，台灣社會已經超過五百萬人的退休族，並將於二〇三四年達到全國每兩人中即有一人超過五十歲，正式成為人口倒金字搭的老人社會。而我們的社會還沒有覺醒，還在用陳腐老舊的銀髮族照顧思維來生活，來訂政策，來生產產品。

這將無法支撐二〇五〇年，六十歲以上幾達總人口一半的社會。試問這樣的社會結構，誰來照顧誰啊？

壯世代扛起長壽社會的時代大旗

長壽社會是人類有史以來未曾經歷的時代，這群進入六十大齡的戰後嬰兒潮，是史上未見的新人種，也是創造長壽社會型態的開創者，我們不再用銀髮族來稱呼，而稱之為壯世代。如同上世紀六〇年代的解放女性運動，我們需要一場解放老人的運動，帶動一個五四運動般的世代革命，讓高齡者重新燃起生命的熱情，創造精彩的第三人生，帶動二十一世紀最大經濟動能的長壽經濟，培養下一代的創業家，不讓他們因為絕望而淪為躺平族，甚至因為對未來更具信心，而勇於生育，一舉解決少子化的國安危機。未來，勢必是一個全然翻新的時代，我們稱呼這場運動為壯世代之春。

邀請您來當點火者

這本書是破壞之書，它會打破你對高齡社會很多既定的見解，開啟另一扇窗，看見不同的觀點，不同的機會，不同的應對之策。

這本書也是創意之書，大膽提出許多政策及產業的發展機會，因為根據過時的數據資料與規範經驗的研究法，無法導出新時代的解決方案，所以我們運用長期在百業服務的品牌傳播經驗，大膽提出Big Idea，目的不在審慎周延，而是拋磚引玉，期望刺激各領域專家，拋開枝微末節的專業思辨，看見一個近在眼前的巨大浪潮，共同戮力，共襄盛舉。

這本書包括四部九大章節：

一、論述篇：包括「啟動壯世代的美麗新世界」、「高齡經濟三‧〇——壯世代商機」、「壯世代的推動策略」等，論述壯世代的思想及策略。

二、實踐篇：包括PSR、GSR、CSR三篇，針對壯世代安身立命的同心圓關係，政府相關部會的壯世代政策及十大產業開發壯世代商機，提出實踐建議。

我們認為這本書適合這六類讀者：

一、趨勢觀察者：政策幕僚／媒體／學者／知識分子

二、政策研究者：政府機關／政策幕僚／媒體／學者

三、商機開發者：大企業研發人員／中小企業經營者

四、銀髮產業者：醫療／安養／健康／教育／樂齡從業者

五、個人修身者：準退休／初退休／探索人生者

六、社團讀書會：國際社團／教會／EMBA／社區大學

長壽社會是上帝的禮物，邀請您來當星星之火的點火者，壯世代之春是否可以燎原，翻轉整個社會，帶來美麗新世界，盡力在人，成就在神！

吳春城（壯世代教科文協會 理事長）

推薦參考書目

1. 《超高齡社會的消費行為學：掌握中高齡族群心理，洞察銀髮市場新趨勢》，村田裕之著／黃雅慧譯，經濟新浪社（2015）
2. 《不老經濟：同理新世代高齡者6大「怕」點×精選40個商業實例，成功開創銀色新商機！》，詹文男、高雅玲、劉中儀、侯羽穎著，商周出版（2020）
3. 《全球銀力時代：從荷蘭「終身公寓」到「失智農場」，從日本「上錯菜餐廳」到「葵照護」革命，從英國「共生社區」到台灣「不老夢想館」，熟齡族才是未來社會的銀色資產！》，楊寧茵著，野人（2019）
4. 《銀光經濟：55個案例，開拓銀髮產業新藍海》，Joseph F. Coughlin PhD 著／許恬寧譯，天下文化（2018）
5. 《社會可以被改變：超高齡社會的處方箋》，江崎禎英著／陳玉燕、謝吟君、李全賢譯，允晨文化（2020）
6. 《沒有醫院之後：最高齡城市快樂生活的祕密》，森田洋之著／李毓昭譯，太

雅出版社（2019）

7. 《晚退休時代：轉型超高齡社會未來關鍵30年，我們如何工作，怎麼生活？》，Milton Ezrati著／吳書榆譯，三采（2014）

8. 《下流老人：即使月薪5萬，我們仍將又老又窮又孤獨》，藤田孝典著／吳怡文譯，如果出版社（2016）

9. 《年齡歧視：為何人人怕老，我們對老年生活的刻板印象又如何形成》，Ashton Applewhite著／林金源譯，木馬文化（2021）

10. 《社企力！：社會企業＝翻轉世界的變革力量。用愛創業，做好事又能獲利！》，社企流著，果力文化（2014）

11. 《此刻最美好：快樂是安然的享受，不是退而求其次的選擇》，高愛倫著，三采（2019）

12. 《臨終習題：追尋更好的善終之道》，Jessica Nutik Zitter M.D.著／廖月娟譯，天下文化（2018）

13. 《享受吧！50後的第三人生》，丁菱娟著，天下文化（2017）

14.《當我們一起活到100歲：人生百年時代，日本教我們的那些事》，福澤喬著，平安文化（2021）
15.《終極慢活：現在是當老人最好的時代》，Carl Honoré著／許恬寧譯，大塊文化（2019）
16.《一流老人：愈老愈受尊敬的生活方式》，山崎武也著／洪逸慧譯，天下雜誌（2018）
17.《老是一種幸福：長年紀，也長智慧的八項思考》，邱天助著，大喜文化（2020）
18.《解鎖無齡：高齡醫學權威陳亮恭的奇幻旅程 20年的思索、研究與前瞻的科學解方》，陳亮恭著，天下生活（2021）
19.《未來年表：人口減少的衝擊，高齡化的寧靜危機》，河合雅司著／林詠純、葉小燕譯，究竟（2018）

感謝本書協助者

這本書是壯世代教科文協會的工作成果，籌備二年來各項工作得力於許多人盡心盡力，提供各項的資源支持。

特別對許多大力支持的理事致上謝忱：

政治大學社會科學院前院長——江明修

台灣大學助理教授——莊雅萌

台北醫學大學公衛系教授——韓柏檉

資深媒體人——蘭萱

八大電視台總經理——王克捷

動腦雜誌發行人——吳進生

威剛科技公司資深顧問——李效玲

嘉義基督教醫院副院長——周恬弘

婚紗時尚教母——林莉

壯運動發起人——陳亦珍

半分藝術空間執行長——陳雪妮

台灣箱包大王及國際知名藝術家——彭雄渾

協助壯世代理念推展的各界賢達，至表感謝：

前行政院長——張善政

天成醫療體系董事長——張育美

台新文化基金會董事長——鄭家鐘

亞洲論壇影響力中心執行長——鄭忠信

台北金融研究發展基金會董事長——周吳添

壯觀點召集人——蘇進強

未來學大師——莊淇銘

負責執行方案的工作團隊，功不可沒：

高齡化政策暨產業發展協會執行長——吳春來

壯世代教科文協會執行長——吳庭宇

5678久社會企業執行長——黃采緹

戰國策傳播集團副董事長——張美慧

壯世代教科文協會專案企劃——邱智遠

當然，參與專書寫作的二位研究顧問，居功厥偉：

胡至柔顧問：主導ＧＳＲ的大部分撰述

陳效天顧問：主導ＣＳＲ的大部分撰述

沒有他們的協助，這本書不可能寫成，他們的研究能力及無限創意，常常讓我在精疲力竭時，眼睛頓時為之一亮。謝謝他們一路陪伴，完成不可能的任務。

讀後迴響

壯世代之春，揭開改變序幕！

・鄭家鐘／台新銀行文化藝術基金會董事長

春城兄發奮圖強，為退休族平反，寫出《壯世代之春——高齡社會解放運動9大預測》。內容直指目前社會誤解、人心誤區、政策誤置的三誤狀況，並提出導正作法，號召解放運動。

三誤的根源就是對「六十歲退休」的錯誤印象。認為六十就是沒有生產力需社會照顧的一群。因為這樣的誤判引發諸多事實與認知的不符，浪費寶貴社會生產力造成年輕人過度憂慮世代負擔，而老人政策缺乏持續就業的配套，使得躺平族加上臥床族可能合作拖垮社會的未來，這毋寧說是整個社會惡性循環的誤區。

但這種社會誤區有其互為主體性原因，也就是政府這樣認為、個人也這樣認為，社會對老化的迷因也如此設定，才會有今天的狀況。例如半百老翁，就是錯誤的社會迷因，以致造成一種共識到六十歲就是老人族。

不過，不僅如此，由於退休制度又根據這種設想設計，有些健壯如牛的六十老翁卻可以提前離開職場，過著頤養天年的生活，造成社會生產力減損及社會負擔加重的雙重問題。

再來，由於所有社會福利措施到了六十五歲都有大幅的生活補貼，對於退休族基本上自己的錢用不上，卻使用納稅人的稅金，造成財政懸崖的政府問題及高齡過度儲蓄問題，同時壓縮了社會創造附加價值的空間。

這種集體互為主體性的誤區，當然有其根源之誤，就是人心的誤區。常聽人家說退休就是「美好的仗已經打完了」，意味人生已經奮鬥完了終於解甲歸田，含飴弄孫，卻沒想到自己的社會貢獻度尚未到巔峰，而含飴弄孫的時間可能比自己職場時間還長，這樣的場景古代沒有，現代卻是活生生的現實！原因就在人心的誤區。對於這種誤會一場，我的朋友一言驚醒夢中人，他說為事業打拼為錢工作叫「人生上半場」，那只是練習場，財富自由後主場才開打，這時不是為錢工作而是為實現夢想而工作。人生下半場才是人生的主場！因此他由廣告公司董事長退休、自己開起連鎖咖啡店，成為job giver，提供就業機會造福年輕人，咖啡既是他夢想的實現也有主場的優勢，因為他在廣告公司所會的所有經驗都可以用在主場上！

我一聽他說，馬上就恍然大悟，原來，老天的安排是要我們用職場這個練習場來培養打主場實現夢想的劇本，偏偏太多中了文化迷因的退休族打完練習場就下場，主場連開始都沒有就結束了！這樣使用人生好可惜！

為了破解如此困局，春城兄正本清源，先進行觀念破解，一個字，改變一個世代，他呼籲把銀髮族三個字更名為「壯世代」，這是要改變行為心理學的瞄定效應，讓人脫離「老」的範疇，回歸「壯」的範疇。由此展開新的朝氣蓬勃的第三個三十年做事的人生！

為達此目的，春城於書中號召解放運動，並且射出三支箭：

一、個人覺醒：六十後人生的個人社會責任如何履行？

二、企業機會：企業如何錨定高齡意義行銷創造美麗新藍海，完善企業社會責任？

三、政策換腦：政府要解套既有陳舊觀念與政策，善於以未來學思考，改革政策舉措，善盡政府社會責任。

春城對這三支箭緊接著進行實務行動的解析，條條精彩，簡單易懂、字字可行，不但請大家捧讀，而且要展開與社群對話及與政府對話的行動，這就不在此細數。

總之，整個世界都在重新評估高齡社會或超高齡社會這樣的說法，要怎樣解讀及適應？公認的是：來自工業革命的勞工退休基準，已經不符時宜，勞動的多樣化、科技的快速發展、醫療水準的躍進，銀髮族的座標可能要往七十五歲去挪移，而真正的商機才要浮現，春城兄提出壯世代解放運動，此其時矣！

壯世代・正青春

・陳立恒／法藍瓷總裁

我很喜歡一句法國諺語：《Si jeunesse savait; Si vieillesse pouvait.》，約略可以翻譯為：「但願青春能夠早知道，但願暮年還能做得到。」我總以為這句話用一種很詩意的方式，詮釋了光陰頭也不回的時不可待以及生命不同層次的無可奈何。

長久以來，我總覺得自己是一個不服老的人，雖然年過耳順，還依然在創業的路上努力求新求變，時常「發憤忘食、樂以忘憂、不知老之將至」，然而，當拜讀過吳春城董事長的熱銷新作《壯世代之春：高齡解放運動9大預測》，我突然有了一種醍醐灌頂的共鳴感，原來我不是不服老，而是從一個新時代的角度來看，我們不是傳統意義上的「老人」，我們是「壯世代」。

也許人以群聚，我環顧四周親友，很少有人真的掉進所謂的高齡陷阱，除了吃喝玩樂、含飴弄孫，大家都和二十年前一樣忙碌，有的人繼續在老本行打拼扶植新生代、有的人轉換賽道投資扶持新事業，雖然說年輕就是本錢，可是大部分壯世代的我們也有屬於我們的本錢，我們有學歷、有經歷、有資產，加上現代科技如此發達，台灣平均壽命已經超過八十歲，君不見張忠謀都做到八十七歲才退休，巴菲特現在九十二歲還退而不休，相比之下我們這些四、五年級生只不過在我們父輩的四十來歲的階段而已。

所以，我非常認同吳董事長對於壯世代的正名運動，我們走過的歲月山河讓我們的青春可以早知道，我們心中的抱負夢想讓我們的暮年無須糾結做不做得到，沒有什麼時不可待、也沒有什麼無可奈何，因為我們的壯世代、正青春！

壯世代之春——呼喚著覺醒的年代，引爆認知革命，釋放無限創新價值

• 陳家聲／台灣大學商學研究所教授

春城學長以「四大覺醒」深入研究探討「壯世代」，並為之做了「正名」定

位，讓我們所謂的社會主流思維，實質上卻仍舊背負著傳統的思維框架，僅是從銀髮、高齡、樂齡、無齡……等雞湯名詞，給予「壯世代」一種自我催眠式的安慰，卻未能看見「壯世代」巨大潛在價值！佩服春城學長的前瞻與高格局的思維，指點我們一條非常閃耀的方向，這不僅是只在糾正目前社會對「壯世代」的負面、消極認知，書中特別利用大數據以老人、銀髮族為關鍵字雲圖，發現所連結的是：失能、病痛、孤單、退化的種種負面詞彙，充斥著對老人的消極、負面刻板印象，以及從這樣的思維所導致一系列偏誤的政策與作為，包含銀髮族產品、營養品、輔具……等的白色（冬季）或橘色（秋季）商機，這樣的一套思維，以及所伴隨的社會政策與產業發展，都圍繞著以消極、負面定位高齡族群，以降低或提供生活便利為主的消費性或消耗性產品及服務！

拜讀春城學長的壯世代之春，雖春城兄稱之為「正名」，但絕非只是名詞、概念的創新，更透過「每個人的覺醒」，喚起社會大眾、政府及產業界的共同覺醒，這引爆的是「文化覺醒」，也就是這將是一場史無前例的認知思維革命、社會革命、政府及產業革命，認知「壯世代」三十年這一巨大資源、礦藏的開發：

壯世代的知識、經驗與智慧資本及勞動力，在目前社會及產業上面臨勞動力、生產力缺乏的困境，為何忽視並把「壯世代」排除在外，只想透過引進外勞、便宜、粗造的方式，解決眼前問題，卻未深入思考外勞政策對台灣社會及人口結構、教育、醫療保險……等全面性的影響。我相信政府部門在做政策決策時，可能沒有考慮相關伴隨的影響。我深信透過從事工作及勞動，除了能維續或發揮壯世代的生產力價值外，他們更能夠從勞動、工作中獲得積極人生的意義，重新拾回年輕時代的生命激情與活力、鍛煉身心的健康。這也將減少醫療資源的浪費。透過對「壯世代」人力資源的積極開發，勢必改變當前一系列錯誤政策與思維所帶來的惡性循環，啟動新一輪的「善的、正面」的循環！

長期以來，對長壽的追求是每個人、每個社會的共同期待。而實際上，大家對長壽族群卻是以病態的思維對待，包含衛福部的官員及醫界人員，我曾取笑我們醫學院學長，醫療越來越精準，只求治療症狀，延續生命，因此臥病在床時間持續增長，已經超過八年時間。這是成就？還是悲哀！臥病在床，久病早已讓人失去對生命的活力與喜悅，更可能活的沒有尊嚴！各醫療機構每年只是在競爭分配健保預算，這些都是治療費用，國家用不到五%的預算在做國民的健康維護與強化，這與我們從小被教導的「預防重於治療」的健康觀念背道而馳。為什麼醫療越進步，可是人們並沒有更健康！醫療費用每十年成倍數增長！衛福部門及醫學院教授不當的線性邏輯，把錯誤的、過渡強調治療的花費，當成為必然的、正確的事實！其間的邏輯可能存在倒果為因！基本上，健康預防保健仍是比治療更重要！

佩服春城學長長期對台灣社會問題的關注，抱持巨大使命，期望從對「壯世代」族群的議題作為驅動因子，提出了三支箭、九大預測，以顛覆性的思維，呼籲社會重新正視「壯世代三十年的生產力」！這有如黑暗中的一展明燈，指引著社會及產業發展的正確方向，讓產業思考不再侷限於治療輔具，床的設計，……等治療賺錢的思路，而是如何善用壯世代的能力、智慧資本、財務資本等，以帶動並創造社會更大的價值！

這樣的一場社會革命，從認知革命、正名壯世代開始啟動，相信大家對於當前的社會與人口、政策議題都有相當的感受，過去也持續引發社會的高度關注與討論，因此，我也參與呼籲大家一起來參與這次的認知及社會的偉大革命，讓我們能夠翻轉思路，為社會及自己創造更美好而和諧的社會而努力！革命才開始，需要社會大家的共同參與，讓我們一起加入為打造更美好的社會行動行列！

一個有眼光前瞻性翻轉年齡的框架

•韓柏檉／台北醫學大學公衛系名譽教授

最近市場上出現了非常轟動引人注目的一本書《壯世代之春》。目前在各種排行榜都是名列第一。

這本書的作者是吳春城博士，他是戰國策國際顧問公司的董事長，也是我的好朋友。二十年前我們曾經攜手合作一件改變台灣社會飲食環境或者是環境公共健康議題的大案子——無菸餐廳的推廣。當年這是一個革命性的推廣活動，出發點就是民眾需要一個乾淨安全無菸害的飲食空間。有多少人認為這是一個不可能的任務，但是我們做出來了，而且最後立法通過餐廳全面禁菸。

此時此刻的你是不是有點激動，想對我們所作所為說一聲謝謝呢？

《壯世代之春》這本書訴求著高齡解放運動即將全面襲擊台灣！他是高齡者的正名解放運動，要向社會大聲疾呼：我們不是銀髮族，而是壯世代。

過去我們都被銀髮族／長照退休／老年化……這些名詞給框架著，讓很多人看到的是人生的窮途末路，社會上對這一群人認為可能是很重的負擔，也可能是一群缺乏生活目標，沒有什麼經濟效益的老人族群。但是這個觀念即將被徹底的打破被翻轉。

也因為有一群勇於打破框架，衝撞社會價值的我們，覺悟了！覺醒了！看到了不同翻轉的契機，也有了行動，終於勇敢地打破這個框架衝撞這個時代，成就新的名詞新的世代也就是——壯世代。

我在台北醫學大學公共衛生系服務三十二年。很早之前系上具有高瞻遠矚的林佳谷教授就提出了百齡壯年這一個行動方案。但是可能時間時機不對，也沒有受到太重視的迴響。

但是對於從事公共衛生教育與研究者，心中還是有一定的敏感度與接受度。

因為我們公共衛生所作所為，不就是希望大家都能夠在一百歲的高齡卻享有壯年的生活品質跟所有的一切嗎？但是年紀大了所有的遭遇跟政策都在做亡羊補牢事後收拾的事情居多。我們需要的是一個有眼光有前瞻性的翻轉年齡的框架。讓銀髮，讓老年這個名詞賦予新的生命。也就是我們是壯世代，帶了一群雖然年紀已大，但是身心靈各個層次的健康狀態依然如青壯年一樣的蓬勃生機。而且即將點燃與引領風潮。

這本書訴求著一個全新的壯世代。包括政策／經濟／文化／創意／人性，乃至於心靈層次，都是一個翻轉的觀念與行動。

過去別人制定規則給我們使用。

我們又去制定規則給別人使用。

現在我們要打破所有規則，

破繭而出，衝撞不合時宜的政策與體制。

還我們自己的人生一個壯闊偉大的世代！

波瀾壯闊的壯世代運動

• 鈕則勳／文化大學廣告系教授兼系主任

恭喜戰國策傳播集團吳春城董事長、也是帶領我一窺公關堂奧、我尊敬的長兄，日前出版的世紀鉅著《壯世代之春：高齡解放運動9大預測》已用最快的速度榮登博客來新書排行榜榜首！一部關於談老的書，竟能引發市場騷動，可見壯世代工程必將波瀾壯闊！

公關教父吳董除了在公關產業上已達顛峰外，近幾年特別積極推動「壯世代運動」，並將其作為一種使命，他認為推動這運動不只是觀念的改變，而是壯年族群不僅能強化自身的實力與優勢，更能發揮其對社會的影響力，成為主導社會的關鍵力量。

吳董書中特別以全新視野、高度、格局，精準地射出了「壯世代之春的三支神箭」，從個人、企業、政府這三個面向與角度，擘畫出壯世代可以引領國家社會進步的強大動能。從個人自覺、創造商機，到引領政府政策思維轉型與改變，除了是前所未有、令人驚豔的創見，更是改變世界的新契機。

我作為鐵捍「春粉」，實在非常敬佩吳董能夠從獨特、前瞻，具有建設性的觀點去建構他紮實的大理論；畢竟我追隨吳董已經三十餘載，清楚了解他是偉大的理論擘畫師、身體力行的實踐主義者、社會新觀念建構的先行者。吳董言談之間總能把理論與實務操作之間最難扣連的關鍵點，進行完美的無縫接軌，更能將大家應該注意卻常常忽略的重要元素進行務實的理論建構，並將其以深入淺出的論述讓人心領神會。

從這本鉅著更能發現——

一個觀念的改變，便能激起波瀾壯闊的運動；

一個行動的實踐，便能成就偉大族群的未來。

壯世代運動正在領航世界，

恭逢其盛的我們與有榮焉！

‧邱正偉／品牌戰略學院執行長、聯合報系有故事公司前總經理

一言可以興邦——這是拜讀完吳春城博士大作《壯世代之春》，本人所下的註腳。

壯世代（三、四、五年級生）在上個世紀成功地翻轉了台灣的經濟與命運，這一回，該要再次翻轉自己的價值！動也好，靜也罷，只要找到合適的角度，你我各自努力，各自精采！

我相信，只要點燃這股熱情！充滿著智慧、手握著財富的壯世代，將持續活躍於各個舞台。

‧吳佰鴻／艾美普訓練總經理、台北市企管顧問工會理事長

身為資深教育訓練工作者，我發現，學員年齡層逐年增加。二十年前，家長是為了小孩的學習成績，來報名腦力開發課程。十年前驚覺大學停招，幼兒園縮班，艾美普訓練也轉型，開放讓中高階的在職人士來進修。再過十年，我相信學習市場主力都是壯世代，我們遇到的社會挑戰和以往完全不一樣，需要更多元的學習課程。壯世代學習是一個新的商機，大家一起超前部署，迎接壯世代。

・林麗華／70歲美麗代言人

在拜讀《壯世代之春》這本書之後感悟，壯世代全面性的高齡解放絕非只是一個名詞，而是倡導一個上層框架的轉變，在過去高齡長照最終的目的，是老有所養、老有所享、老有所終、在地安養、在家終老，而真正忽視了這一群人仍擁有高度生命經驗的價值貢獻以及內心渴望的需求，是快樂活著，長長久久，照亮生命，活得尊嚴、活得時尚，這才是這群人想要的樂活長照最終目的。

・青秀／斜槓人生實踐者

任何事情要形成概念、從而行動產生影響力，甚而蔚為運動翻轉未來，需要跨世代的宏觀思維與持續堅持的執行力。春城先生的《壯世代之春》正是這段篳路藍縷開創新世紀的最好見證。從初聽「壯世代」，到參與幾次「壯世代」舉辦的公益活動，在在感受到春城先生想為當五十歲以上的壯世代人口開啟人生三・〇版新生活模式的殷切期待，也看到春城先生作為趨勢前鋒致力引領現在的青年族群洞悉未來發展潛力的用心良苦。

壯世代、撞時代，我們每個人都是「壯世代」的第一代，走在屬於自己可開創的歷史裡，透過「壯世代之春」重新省思生活模式、重新創造生命價值、重新掌握世代商機，唯有「壯」才能「撞」擊出更多精彩的生命火花！

• 洪慶道／桃園市平安七月關懷協會理事長、長老教會新竹中會松年部部長

《壯世代之春》的熱賣、狂銷不意外，因為好書是不寂寞的；本書淺顯易懂、論述完整，吳春城理事長藉著三支箭射出壯世代寬闊的未來，以及精采燦爛的第三人生。

那天從春城兄車上帶回來一箱簽名書，立馬分頭轉送給長老教會的牧長好友們；大家熱烈的回應，超乎我意料之外，已有要成立讀書會的，也有要集體買書了解如何經營自己的第三人生的，也有要買給爸媽、買給孩子的……。原來，博客來新書排行榜各項指標第一，就是這些螞蟻雄兵衝出來的。

好朋友們，「壯世代之春」是當今的顯學，人手一冊是時尚、是潮流；希望此書當引子，星星之火可以燎原，藉此，讓整個壯世代運動在台灣每個角落開枝散葉，早日成為主流引領風潮，進而影響全球。

・吳小琳／台北市電腦商業同業公會顧問

個人是壯世代，也是網路發展的第一代，親身見證了台灣的數位經濟發展歷程。今年政府成立了「數位發展部」，要加速推動台灣的數位發展。然而這些數位發展政策，有考慮到人數逐年成長的壯世代需求嗎？會促成壯世代與e世代的互利共榮嗎？

台北市電腦公會多年前即注意到政府缺乏高齡者數位普及政策，很高興看到吳博士著作的《壯世代之春》，也提出了相同的政策呼籲。《壯世代之春》的出版，為壯世代族群發出了第一聲春雷，接著就需要大家一起耕作一起收穫了。

• 羅宜宜／praisercise創辦人、形象美學顧問

有幸參加壯世代Speaker培訓，吳春城董事長熱情分享理念，感佩他先知先覺最新趨勢的倡議，有眼光及高度看見台灣進入超高齡社會面臨的重大議題，個人覺醒到政府政策及產業發展深度剖析，赫然驚覺是壯世代的我有責任與使命共同推動。

我正創研Prairsercise身心靈細胞活化運動，盼貢獻幫助壯世代在身心靈三個層面得到滋養與修復，結合我在形像美學的經歷引領壯世代找到自己獨特風格和定位，全然更新。壯世代的你準備好了嗎？一起加入我們的行列吧！

• 王偉華／台北市流行時尚藝術協會榮譽理事長

在授課的過程中，面對即將退休或是已退休的婦女朋友，她們對於所謂的穿著打扮，幾乎不再有興趣，因為她們認為出入場合少了，年紀漸漸增長，隨便穿穿就可以打發了！看了吳春城博士所著作的《壯世代之春》，我會更有自信地分享給我的學員及周圍好友，因為我知道我們的「璀璨年華」就是現在！

・盧瑩僡／圓山長老教會牧師

讀完吳春城理事長大作《壯世代之春》，發現在這變動與動盪不安的時代，他已提出真正有效的「處方箋」，若要迎接另一個新世代來臨，需先解構「銀髮、老人……」負面觀念，「壯世代」更是裝這新觀念的「新皮袋」，圓山長老教會承蒙成為第一家「壯世代教會」，因有這祝福，本教會將打造第一個具壯世代精神的新活力教會。如書中所說讓長壽社會不是災禍，充滿上帝祝福，聖經彼得前書二章九節壯世代是上帝揀選的族類，我們為主奔走點亮夢想。

・陳軒婷／企管講師

最近參加吳春城博士的壯世代講師訓練，課後深受感動～我注意到「壯」字的草書設計也是英文Strong的St縮寫，深富新世代與國際化思維。

最近的王心凌女孩，讓我們重新啟動青春回憶殺，希望透過一人一書的推廣傳遞正知理念，讓看過書的朋友們能換掉思考帽，認知超高齡時代的來臨。銀髮產業把高齡人設為秋冬產業的錯誤思維，也要趕快翻轉為春夏人設的壯世代產業，身心靈才符合現狀主場。如果上半場是強，下半場就是壯。一起前進吧～

‧蕭嘉瑩／馬偕紀念醫院志工督導

一直引領高齡夥伴朝著正向自我整合發展任務邁進，希望建置享受變老過程的成功老化。在認識吳春城博士以「壯世代」新名詞取代論述翻轉各界對高齡的負面認知，積極推動壯世代運動覺醒鼓勵銀髮族新生活運動的開始，強調身、心健康外，心靈也要壯闊保有「意義感」，迎接精彩豐厚的換檔第三人生，覺得太給力了！

所以全力支持並擔任壯世代Speaker，祈願將躍昇世界第一老的台灣，有這帖處方箋我們老得蔚為風潮，壯得把愛傳承。

‧竺青玉／自媒體/講師/博士生

壯世代！我長期研究背景特殊的嬰兒潮族群消費心理，在人多競爭大物資匱乏的環境，唯有改變行動才能生存，凡走過必留經典，做學生改髮禁制服，做工作改商業模式……淬鍊後，擁有鏈接跨世紀的人脈和資源。

壯世代！凝聚了U型理論的同理眾心，自然產生的高齡解放運動，一定是巨量改變，影響啟動新商機。

・巫永堅／上海世博會海寶設計師

春城兄長期以來為政府部門及制定政策的立法委員們出謀劃策，對台灣社會環境的變遷與未來趨勢的精準預判，給處在溫水區而無感的青蛙們提出可以跳出溫水區的壯世代思維理念，對正處在少子高齡的台灣一帖轉骨的良方。

身為五年級生，加上多年前拜讀了大前研一的《後五十歲的選擇》正想在半百之年重來一次人生選擇的衝動……巧逢《壯世代之春》給自己無比的信心與能量，並勇敢的告別那個曾經的細皮嫩肉，頂著皮粗肉糙的豐富經歷，期許自己的壯世代，要再一次像創造經濟奇蹟的台灣，重新翻轉、像一尾活龍，活出壯世代的奇蹟。

也請那些還在躺平或耍廢的醒醒，一同融入壯世代，迎接「壯世代之春」一起分享壯世代的經歷與資源，讓壯世代的愛傳承一代又一代。

壯世代之春：
高齡解放運動9大預測

作者——吳春城
編輯總顧問——余宜芳
特約編輯——李宜芬
行銷——戰國策國際顧問股份有限公司
特約封面設計——陳文德

發行人——吳春城

出版——壯世代出版
五六七八久社會企業有限公司
地址——台北市中正區鎮江街3號7樓
電話——(02)2370-8000(#5555)
傳真——(02)2370-0958
總經銷——時報文化出版企業股份有限公司／33343
桃園市龜山區萬壽路2段351號
電話—(02)23066842
印製——中原造像股份有限公司
初版一刷——2022年9月
初版二刷——2022年10月
定價——新台幣360元
Printed in Taiwan
ISBN：978-626-96588-0-0

國家圖書館出版品預行編目(CIP)資料

壯世代之春：高齡解放運動9大預測/吳春城著
-- 初版. -- 臺北市：壯世代出版, 五六七八久社會企業有限公司, 2022.09
面；　公分. --
ISBN 978-626-96588-0-0 (平裝)

1.CST：經濟社會學 2. CST：高齡化社會
550.16　　111014606